Conny Bischofberger
HELMUT ZILK

Inhalt

Bildteil zwischen den Seiten 96 und 97

Schonungslos

So hat es Helmut Zilk immer gehalten: „Sag' ma gleich, wie's ist." Und so hält er es auch mit seiner Autobiografie. Übrigens wörtlich sagend, nicht schreibend. Zilk erzählt seine Erinnerungen, und wenn man diese liest, so hört man ihn sprechen in dem sonoren Klang seiner Stimme, die vielen Menschen wohl vertraut ist. Zilk erzählt von Zilk und er geht dabei sehr ehrlich mit sich selbst, aber auch mit seinen Zeitgenossen und Weggefährten um. Ehrlich in doppelter Hinsicht: Er sagt, was er meint – und das oft schonungslos.

Aber er sagt auch, was er von sich selbst hält und was andere von ihm zu halten hätten, aber nicht immer gehalten haben. Diese Schonungslosigkeit überrascht. Fast könnte man meinen, er sei stolz darauf, ein miserabler Schüler, ein Schürzenjäger, ein hemmungsloser Spieler (und Verspieler), ein Trinker (aber kein Alkoholiker) gewesen zu sein.

Stolz – in gewissem Sinne zu Recht, denn er lässt die Leser, die Zuhörer auch wissen, wie er sich von all dem emanzipiert hat, wie trotz allem immer, in jeder Lebensphase etwas aus ihm geworden ist. Und zwar immer etwas Besonderes. Und immer aus eigener Kraft, und oft genug gegen erhebliche Widerstände, nicht zuletzt von Seiten der eigenen Partei, der SPÖ.

So erwähnt er zwar seine beruflichen Erfolge – als Lehrer, als Begründer der im ganzen deutschen Sprachraum damals einzigartigen Diskussionssendungen, an der Spitze die *Stadtgespräche*, als Fernsehdirektor und Mitgestalter der ORF-Refor-

9

men unter Gerd Bacher und dabei als Erfinder zahlreicher neuer TV-Formate und Sendereihen, als Kulturstadtrat, als Unterrichtsminister, als Bürgermeister der Stadt Wien, als Ombudsmann der *Kronen Zeitung* und – nicht zuletzt – als Vorsitzender des Aufsichtsrates der Wiener Städtischen Versicherung.

Aber es geht ihm dabei nicht so sehr um die Taten, als vorwiegend um die eigenen Gefühle, um das, was er dabei dachte, was er dabei bezweckte, was er hoffte zu erreichen. Er, der als Jugendlicher die Schrecken und Gefahren der Diktatur kennen gelernt hat, will die Menschen, vor allem die Jugend, zur Demokratie erziehen, zum menschlichen Umgang miteinander, zur Toleranz, zur Achtung vor der Würde des Anderen. In allen seinen Funktionen ist und bleibt Helmut Zilk ein Pädagoge, ist er bemüht, die Menschen mit auf den Weg zu nehmen. Das ist oft schwer genug.

So erinnert Zilk an die heftigen Auseinandersetzungen in den Wahlkämpfen, bei denen es um die Ausländerfrage ging. Es sind die Jahre, in denen Wien von Flüchtlingen überlaufen wird, die Zeit der Kriege auf dem Balkan und des Zusammenbruchs der Sowjetunion. Wie handhabt man das Flüchtlingsproblem, wie geht man mit den Leuten um, die sich beschweren, dass in manchen Schulklassen 50 oder 60 und 70 Prozent der Kinder nicht richtig Deutsch können?

Zilk tut, was er immer getan hat, er packt den Stier bei den Hörnern. Auf großen Plakaten ist Zilk selbst zu sehen, auf anderen andere bekannte Leute mit der Aufschrift: „Wir alle kamen einmal her als Wirtschaftsflüchtlinge." Und erinnert daran, dass die Bevölkerung dieser Stadt ja fast ausschließlich aus „Zuagrasten" hervorgegangen ist.

Zilk erinnert sich auch, was diese Stadt einem Teil dieser „Zuagrasten" angetan hat, Menschen, denen Wien, denen Österreich viel zu verdanken hatte, aus deren Kreis fast ein Dutzend Nobelpreisträger stammte, Ärzte, große Schriftsteller und sie wurden doch diskriminiert, deportiert und auch ermordet, Juden. In allen seinen Funktionen hat das Zilk immer vor Augen und weiß, dass wir da alle eine Mitverantwortung zu tragen haben, eine Bringschuld zumindest. Und er versucht sie als Bürgermeister zu erbringen. Er gibt die große Ausstellung *Wien 1900* in Auftrag und bringt sie nach New York, wo es viele Vorbehalte gegenüber Österreichs Haltung in der Frage der Vertreibung und der Wiedergutmachung, besser der Restitution gibt. Die Ausstellung erinnert an die großen kulturellen Beiträge der Juden zum Aufstieg und zum Glanz dieser Stadt. Sie wird großartig aufgenommen in New York, und Zilk versteht es, die Bemühungen Wiens darzulegen, wenn schon die Wunden geschlagen wurden, dann sich zumindest der Narben anzunehmen.

Berührend auch Zilks Schilderung, wie er sich um Versöhnung mit den Überlebenden des Holocaust in Israel bemüht und dabei nach und nach die Unterstützung des Alt-Wieners und Bürgermeisters von Jerusalem Teddy Kollek gewinnt. Als dieser stirbt, hat Helmut Zilk geweint.

Er schämt sich seiner Tränen nicht, er vergießt sie nicht nur bei diesem Anlass.

Auch was sein Privatleben betrifft, geht Zilk in seinen Erinnerungen schonungslos vor allem mit sich selbst um. Er lässt die Leser innig teilhaben an seinen intimen Beziehungen, an seinem Liebesleben, auch an seinen familiären Verhältnissen – das

11

reicht von den Eltern über drei Frauen, bis zu seinem geliebten Sohn Thomas und seiner über alles geliebten Dagmar
Koller.

Einen breiten Rahmen – wie könnte es anders sein – nehmen
die Erlebnisse ein, die sein Leben entscheidend verändert
haben – das Bombenattentat und, wenn auch Jahre später, sein
Herzversagen. In beiden Fällen, so Zilk, sei er dem Tod gerade
noch „von der Schaufel gesprungen". Nicht gerade, dass er das
wollte, nein, er wollte, so sagt er, in diesen Momenten lieber
sterben. Aber eine ließ das nicht zu, Dagmar, nicht nur, weil sie
Tag und Nacht um dieses Leben kämpfte, auch weil Zilk
bewusst wurde, dass er sie nicht allein lassen dürfe. An keiner
Stelle seines Lebensberichtes ist Zilk so menschlich berührend
wie an dieser.

Wenn er an sein Ende denkt, und am Ende dieser Autobiografie denkt Zilk an sein Ende, ist er wieder sehr selbstbewusst.
Er würde gern im Familiengrab liegen, aber das Ehrengrab der
Stadt Wien wird ihm nicht erspart bleiben. Und was soll auf
seinem Grabstein stehen? Zilk, sonst nichts, „ohne jeden Titel.
Denn Professoren und Doktoren gibt's hunderttausende, Direktoren und Regierungsräte und Hofräte gibt's ein paar zehntausend, aber Zilk gibt's nur einen".

Und nicht zu vergessen, auch nur eine Dagmar Koller. Und
diese denkt nicht ans Ende und so muss der Helmut doch noch
lange leben.

Hugo Portisch

*Das einzig Wichtige im Leben
sind die Spuren von Liebe,
die wir hinterlassen.*

Albert Schweitzer

So bin ich

Ich bin sehr romantisch, ein Kitschist. Ich kann hemmungslos weinen, wenn mir gerade danach ist. In meiner Seele wohnt eigentlich ein sonniger Mensch, aber im öffentlichen Leben bin ich eher herb und manchmal unfreundlich, was auch arrogant wirken kann. Meine Frau predigt mir seit drei Jahrzehnten, ich soll endlich lernen, meine Unterlippe nicht so missmutig nach unten zu ziehen. Aber der Zilk, wie man ihn nach außen hin kennt, ist eben ein Dunkelmensch. Das war schon immer so, das ist nicht erst mit den außergewöhnlichen, schicksalhaften Ereignissen in meinem Leben so gekommen.

Es gibt ja Leute, die sagen, ich sei dem Tod schon drei Mal von der Schaufel gesprungen. Das erste Mal, als ein armer Irrer geplant hatte, mich auf dem Rathausplatz abzustechen. Das zweite Mal, als mich die Bombe erwischt hat, denn wenn ich den Brief nicht in die Wohnung mitgenommen, sondern im Auto geöffnet hätte, dann wären wir alle drei tot gewesen, meine Frau, mein Fahrer und ich. Das dritte Mal, als 2006 mein Herz versagt hat.

So bin ich ein Überlebenskünstler. Ich habe eigentlich drei Leben. Das dritte, das ich derzeit lebe, wird wohl mein letztes sein.

Je älter ich werde, desto mehr habe ich das starke Gefühl, dass es irgendeine Instanz gibt, die das Schicksal beeinflusst, lenkt und führt. Für die einen ist es der liebe Gott, für die anderen Mohammed. Für mich ist das alles ein- und dasselbe. Ich glaube an diesen ein- und denselben.

Ich habe gelesen, dass der große Komödiant Vico von Bülow, der ein paar Jahre älter ist als ich, mit seiner Frau regelmäßig über Friedhöfe spaziert, „um sich schon mal an das Gefühl zu gewöhnen". Das zeigt einen großen Humor. Ich brauche keinen Friedhof, um mich daran zu gewöhnen, dass ich einmal sterben muss. Das ist eine Realität, mit der ich seit Jahren lebe. Und daher habe ich auch sehr früh angefangen, über das Jenseits nachzudenken. Warum ich in diesem Augenblick lächle? Ja, was bleibt mir denn anderes übrig?

Als junger Lehrer, das war vor mehr als fünfzig Jahren, erzählte ich den Kindern immer, dass der Durchschnittsmensch cirka 40 Jahre alt wird. Mittlerweile wird der Durchschnittsmensch schon cirka 70. Also habe ich überdurchschnittliches Glück.

Ich habe auch keine Angst vor dem Tod. Ich glaube, nur wenige Menschen haben Angst vor dem Tod. Sie haben vielmehr Angst, den Tod in unwürdiger Form zu erleben. Schmerzvoll, leidvoll, hilflos. Oder – das ist das Schlimmste – einsam.

Es gibt nichts Traurigeres als Einsamkeit. In meiner Tätigkeit als Wiener Bürgermeister gratulierte ich unendlich vielen alten Menschen zu ihrem hundertsten Geburtstag, zum fünfundneunzigsten, zum neunzigsten. Und ich habe gesehen, wie einsam man eigentlich sein kann.

Ich bin jetzt 80 und nicht einsam. Das ist wohl das Wundervollste, was ein Mann im Herbst seines Lebens von sich behaupten kann.

Mein geliebter Vater

Wer mein Leben verstehen will, mein Denken und Handeln, auch mein Versagen, und ganz besonders wer meine Jugend begreifen will, der kann das nur, wenn er etwas über meinen Vater weiß.

Er ist jetzt 32 Jahre tot, aber ich sage ganz offen: Ich habe es bis heute nicht überwunden, dass er nicht mehr da ist. Immer wenn ich an seinem Grab stehe, weine ich, auch heute noch. Es war für mich der größte Verlust überhaupt.

Ich habe ein fast neurotisches Verhältnis zu meinem Vater gehabt. Franz Zilk, geboren 1897, stammte aus einer armen Arbeiterfamilie. Der Vater war Formereimeister im Schmiedstahlwerk von Wilhelmsburg. Die Mutter hat ein kleines Lebensmittelgeschäft geführt, mit dem sie zugrunde gegangen ist. Die Armut der Menschen war damals so groß, dass sie immer alles aufschreiben ließen, und die wenigsten konnten es später irgendwann einmal zurückzahlen.

Mein Vater hat mir oft erzählt, dass er als Kleinkind jeden Tag fünf Kilometer mit der Kanne in die Fabrik des Vaters laufen musste, um ihm das Essen zu bringen. Dabei war er immer bloßfüßig. Und am Samstag hat ihn die Mutter ins Wirtshaus geschickt, wo mein Großvater Karten spielte, da musste er dem Vater den Lohn abnehmen. Und am Sonntag hat der Vater immer noch Karten gespielt, da musste ihm der Sohn ein frisches Hemd bringen, mit dem er am Montag wieder in die Arbeit gegangen ist.

Seine Eltern haben gemeint, das Beste sei, wenn der Bua als Geschirrmaler in die damals berühmte Lilienporzellan- und Geschirrfabrik in Wilhelmsburg an der Traisen ginge. Aber mein Vater war mit einem solchen handwerklichen Untalent gesegnet, dass es nur Dachteln gegeben hat. Er konnte nicht einmal die einfachsten Striche. Da kam er als kaufmännischer Lehrling in die Harlander Zwirnfabrik, damals ein englischer Betrieb. Sein Vorgesetzter hat eine Schwäche für meinen Vater gehabt, weil er offenbar erkannt hat, dass Franz Zilk ein intelligenter Bursche ist. Dieser Engländer brachte meinem Vater, der von zuhause nicht viel an Erziehung erlitten und erfahren hatte, auch die Zivilisation näher. „Franzl, es ist schön, dass du dir immer das Gesicht wäschst. Aber schau mal in den Spiegel, du hast einen ganz schwarzen Hals! Du musst dir auch die Ohren waschen und den Hals."

Im Jahre 1914 – da war mein Vater gerade 17 Jahre alt – schloss er die Lehre ab und musste zum Militär. Er war bei der österreichischen k.u.k. Armee und erlebte bei den Dolomitenschlachten Furchtbares. Sein älterer Bruder war in diesen Felsfestungen eingeschlossen, und unter dem Beschuss der schweren italienischen Geschütze hat er den Verstand verloren. Das prägte meine Jugend und meine Kindheit. Ich sehe heute noch die Wut meines Vaters, weil man seinem Bruder Schreckliches angetan hatte. Willi war nach dem Ersten Weltkrieg als geistig Verwirrter heimgekehrt und fristete sein weiteres Dasein in der Sonderheilanstalt Gugging bei Klosterneuburg. Später verschickten die Nazis diesen nicht lebenswerten Onkel Willi und 1942 kam ein Brief, in dem stand, dass er an einer „Lungenentzündung" gestorben sei.

18

Der Zorn meines Vaters auf Hitler nahm dadurch noch mehr zu.

Nach dem Ersten Weltkrieg suchte mein Vater eine Beschäftigung. Er war kurz bei der Gendarmerie, das hat ihn aber nicht gefreut. Daraufhin wurde er Ernährungskommissär, das waren jene Leute, die in der Zeit der Nahrungsmittelnot kontrolliert haben, dass keine Lebensmittel geschmuggelt werden. Und in dieser Eigenschaft lernte er auch meine Mutter kennen.

Mein Vater war ein großer, bedeutender Mann, der mehrmals in seinem Leben ganz von vorn anfangen musste. Das habe ich mit ihm gemeinsam, und wenn mich jemand fragt, welche Menschen mein Leben am stärksten beeinflusst haben, dann sage ich immer: „Mein Vater, den ich abgöttisch geliebt habe. Kardinal König, der mich verstehen und verzeihen gelehrt hat. Und Bruno Kreisky."

Franz und Stefanie

Als Ernährungskommissär der damals noch jungen Republik hatte mein Vater eine ganz besondere Stellung. Sein Einzugsgebiet war die Stadt Ybbs an der Donau. Dort kontrollierte er auf der Eisenbahnstation das Gepäck der Leute, hat ihnen Würste, Eier und Speck abgenommen. Eines Tages hat er auf dem Bahnsteig ein wunderhübsches Mädchen angehalten, das fast gleich alt war wie er, nur ein Jahr jünger. Eine Schönheitskönigin würde man heute sagen. „Machen Sie die Tasche auf!“, forderte er die junge Dame auf. Darauf sie: „Nein, das kommt überhaupt nicht in Frage!“ Darauf er: „Wenn Sie nicht sofort aufmachen, hole ich die Gendarmerie!“ Da hat das Mädchen erst zu weinen begonnen, dann hat sie aufgestampft, dann hat sie ihn beschimpft, und zwar wörtlich „einen besonderen Esel“. Mein Vater hat schließlich ihre Tasche aufgemacht, dort Eier, Wurst und Speck gefunden und beschlagnahmt. Das war der Beginn einer Bekanntschaft, aus der die große Liebe werden sollte.

Die junge Dame, die kesse, war die Tochter des Stadtwachmannes von Ybbs an der Donau. Es gab damals dort nur einen Beamten, der für Ruhe und Ordnung gesorgt hat. Er war ziemlich gefürchtet, übrigens auch dem Alkohol sehr zugeneigt, und musste jedes zweite Jahr nach Karlsbad, um seine Leber zu kurieren. Er war besonders streng, auch mit seiner Frau und seiner Familie. Und deshalb ist meine Mutter früh aus dem Haus gekommen. Sie kam schon mit 14 Jahren nach Ungarn, zu einem Arzt in Debrezin, der sie gleich in der zweiten Nacht verführen wollte. Sie musste davonlaufen. Von der Polizei bekam sie das Fahrtgeld bis Wien. Dort war es mit den Männern auch nicht viel besser. Bis ihr eines Tages ein sympathischer Wiener über den Weg gelaufen ist, ein jüdischer Grundstücksmakler und Börsenfachmann, der sie auf der Stelle geheiratet hat. Plötzlich war sie stinkreich und hat in der Rauhensteingasse im 1. Bezirk im Luxus gelebt. Sie fuhr aber immer nach Hause, um von den Bauern dort verbotene Würste und sonstige Köstlichkeiten zu holen. Sie war also zu dem Zeitpunkt, als sie meinen Vater kennen lernte, verheiratet.

Meinem Vater hat der Auftritt dieser jungen Dame so imponiert, dass er ihr geschrieben hat. Er ist ihr auch nachgefahren und hat um ihre Zuneigung gekämpft. Es muss eine leidenschaftliche Liebe gewesen sein, sonst hätte meine Mutter nicht ihr sicheres Zuhause einfach aufgegeben. Sie ließ sich schließlich von ihrem reichen Mann scheiden und ist zu diesem armen Hund gezogen. 1924 haben sie geheiratet. Was Liebe für Kräfte freimacht und vielleicht auch Irrwege weist …

Das erste Geschenk meines Vaters, der wieder in der Harlander Zwirnfabrik zu arbeiten begann – meine Mutter fand, Ernährungskommissär sei kein Beruf –, war ein kleiner Dackel. An diesen Hund hat sie ein Leben lang gedacht, er war ein Geschenk der Liebe. Von ihm hat sie mir bis zuletzt oft erzählt.

21

Zufällig ein Wiener

Mein Vater wollte nicht, dass sein Sohn in Polen auf die Welt kommt. Dort, nämlich in Łódź, arbeitete Franz Zilk im Jahre 1927 in einer Filiale der Harlander Zwirnfabrik. Ich sollte so wie er ein waschechter Niederösterreicher werden, auch aus hygienischen Gründen. Denn es gab weit und breit kein Krankenhaus, dem er seine Frau mit gutem Gewissen anvertrauen hätte wollen.

Also schickte er meine hochschwangere Mutter im Juni 1927 nach St. Pölten. Das war für ihn, der in Wilhelmsburg an der Traisen geboren war, seine große Bezirkshauptstadt.

Beim Umsteigen in Wien war meine Mutter vom Glanz der Lichterstadt so fasziniert, dass sie kurz vor der Niederkunft noch ein bissel in der Stadt herumgestreunt ist. Das ist verständlich, wenn man sich die Dunkelheit und Tristesse der Kleinstadt Łódź vorstellt, in die sie meinem Vater gefolgt war. Verzaubert vom Wien der Zwanziger Jahre, wo es neben Armut und Leid auch viel Lebensfreude, Kunst, Kultur und Unterhaltung gab, hat sie im Trubel der Ereignisse den richtigen Zeitpunkt für die Weiterfahrt verpasst. Die Wehen setzten ein, und meine Mutter wurde in die Gebärklinik Lucina im 10. Wiener Gemeindebezirk eingeliefert, die es heute nicht mehr gibt. Ich bin dann um 5 Uhr früh statt im niederösterreichischen St. Pölten in Wien-Favoriten auf die Welt gekommen. Zufällig bin ich ein Wiener geworden, aber für meine Zukunft sollte dieser kleine Zufall eine große Bedeutung haben.

22

Mein politischer Wahlkreis war immer Favoriten, und bei
Versammlungen habe ich später oft gefragt: „Wer ist noch ein
echter Wiener?" Da haben wenige aufgezeigt. Die meisten aber
sind aus allen Windrichtungen der Monarchie, vor allem aus
Böhmen, Mähren, der Slowakei, Polen und Ungarn gekommen. Wenn ich gefragt habe, wer in Favoriten geboren ist, gab
es niemanden, nur mich.

Nach der Geburt bekam ich eine Krankheit, die mich fast den
Arm gekostet hätte. Der Arzt, der damals die Pockenimpfun-
gen durchgeführt hat, hat mit der Injektionsnadel meine Bein-
haut im Oberarm erwischt. Der Arm begann zu eitern und es
wurde immer schlimmer. Meine Mutter fuhr mit mir ins AKH.
Zwei Tage wurde ich dort mit allen möglichen Salben und Tab-
letten behandelt, doch das Eitern hörte nicht auf. Am dritten
Tag haben die Ärzte meiner Mutter gesagt, sie müsse damit
rechnen, dass man mir den Arm abnehmen werde müssen.

In ihrer Verzweiflung hat sie ihre Mutter, die Franziska in Ybbs,
benachrichtigt. Meine Großmutter war die Frau des Ybbser Stadtwachmannes und hat sich mit Kräuterkunde ihr tägliches Zubrot
verdient. Sie war eine Homöopathin, würde man heute sagen.
Nebenbei hat Franziska auch sehr erfolgreich eine Art Heirats-
vermittlung für Bauern und Bäuerinnen betrieben.

Sie kam sofort mit dem Zug nach Wien und brachte ein Kraut
mit, das sie gesotten hatte, und diesen Aufguss tropfte sie mir
auf die Wunde. Innerhalb von 24 Stunden war der Eiter weg,
die Ärzte im AKH waren total verwundert. Dort hat man zu
dieser Zeit von Kräutern und Naturmedizin gar nichts gehalten. Meine Großmutter hat ihnen erklärt, dass das Wunder-
kraut schlicht und einfach Käsepappel heißt.

Seither schwöre ich auf Käsepappel. Immer wenn ich Beschwerden habe, lege ich Käsepappel auf. Wenn ich Magenschmerzen habe, schlucke ich Käsepappel, und wenn ich Darmgrippe habe, trinke ich Käsepappeltee. Mit Käsepappel rettete mir die Großmutter den Arm und danach kehrte meine Mutter mit ihrem einzigen Kind frisch fröhlich nach Polen zurück. Mein Vater erwartete sie dort und war überglücklich, dass der Stammhalter da war. Seine Liebe hat mich ein Leben lang, von diesem ersten Anblick an bis zu seinem letzten Atemzug, begleitet.

Erinnerungen an Łódź

Weil Franz Zilk an der Fadenmaschin' so geschickt war, wurde er 1926 nach Polen versetzt. Mein Vater hat dort kurzerhand Karriere gemacht und stieg zum Fabriksleiter auf. So kam es, dass ich in Łódź gezeugt worden bin.

Meine Erinnerungen an diese Stadt sind dürftig. Wenn ich zurückdenke, sehe ich eine ganz armselige Arbeiterstadt mit hungernden Menschen, eine Stadt voller Hoffnungs- und Hilflosigkeit. In den Siedlungen gab es kein Wasser, man musste es vom Brunnen holen. In den meisten Wohnhäusern gab es keine Toiletten, hinter den Häusern waren Latrinen wie beim Militär. Man musste sich auf eine Stange setzen, um die Notdurft zu verrichten.

Ich lebte mit meinen Eltern sehr abgeschottet, eigentlich in Wohlstand, in einer großen Wohnung mit hohen Räumen, in einem streng bewachten Viertel. Ich hatte eine Amme, die ich sehr geliebt habe. Je älter ich werde, desto stärker wird die Erinnerung an diese dickliche polnische Amme, die mich gepflegt und ernährt hat. Man würde meinen, an die ersten Jahre kann ein Mensch sich überhaupt nicht erinnern. Aber im hohen Alter kehren diese Bilder aus der frühen Kindheit plötzlich und unaufhaltsam zurück.

Zu der Zeit begann ich Bilderbücher anzusehen. Da gab es eine große Kredenz, in der das gesamte Geschirr stand. Dieses Küchenmöbel durfte ich mit Erlaubnis meiner Mutter ausräumen und mich hineinsetzen. „Tendenz ausräumen!", habe ich meine Mutter gebettelt. Das Wort Kredenz konnte ich nicht aussprechen. Da drinnen habe ich Bilderbücher angeschaut, ich war damals schon ein kleiner Bücherwurm. Und meine Mutter war sehr stolz auf mich.

Oft kamen nette junge Leute zu uns auf Besuch, und häufig haben mich die Fabriksarbeiterinnen auf den Schoß genommen.

Rund um uns herum tobten bereits die Unruhen der Dreißiger Jahre. Da gab es bereits die heftigsten Auseinandersetzungen zwischen Polen und Ausländern. Die Ausländer verfolgten die Polen und die Polen fühlten sich von den Ausländern unterdrückt. Man war auf beiden Seiten sehr von nationalistischen Extremisten emotionalisiert. Letztendlich hat das Deutsche Reich 1939 den Krieg provoziert.

In dieser Zeit ist etwas Schicksalhaftes passiert. Ein junger, englischer Lehrling, der aus einer sehr noblen Familie stammte, hatte sich in die polnischen Mädchen verschaut und stellte ihnen nach. Heute würde man das sexuelle Belästigung nennen. Der Lehrling wurde von polnischen Buben deswegen verprügelt. Es gab einen handfesten Skandal, denn die Fabrik gehörte ja den Engländern, und nun drohte die Schließung und Ausweisung aller englischen Angestellten. Schließlich kam der Generaldirektor zu meinem Vater und sagte: „Herr Zilk, es nützt alles nichts, einer muss das auf sich nehmen, und das sind Sie!"

Mein Vater bekam eine unendlich hohe Abfertigung, spielte dafür den Sündenbock und musste bei Nacht und Nebel mit meiner Mutter und mir das Land verlassen. Er hatte jetzt viel Geld, und so kam es, dass wir eine respektable, bürgerliche Wohnung in der schönen Josefstadt gleich hinter dem Rathaus beziehen konnten. Es war wieder so ein kleiner Wink des Schicksals.

Druckerschwärze im Blut

Zurück in Wien, hat mein Vater Arbeit gesucht. Da er eine Kämpfernatur war, fand er sehr schnell eine Anstellung. Man suchte einen Kaufmann, einen kaufmännischen Angestellten für eine damals noch neue Zeitung, die *Radiowelt*. Sie gehörte der Ravag, der Radio Verkehrs AG, einer Vorgängerin des heutigen ORF, die auch Radio Wien gründete. Als ich später Programmdirektor des Fernsehens wurde, beschlossen Gerd Bacher und ich im Jahr 1968, diese Zeitung einzustellen. Dieser Schritt war für mich damals nicht frei von Sentimentalität. Bald darauf wurde er Expeditleiter des *Wiener Tagblattes*.

Ich habe von klein an den Zeitungsbetrieb miterlebt. Damals sind die Zeitungen morgens erschienen. Deshalb kam mein Vater immer erst in der Früh nach Hause. Meine Mutter war Langschläferin. Also hat er mich um 5 Uhr aufgeweckt, um mir die druckfrische Zeitung mit den Bildern zu zeigen. Deshalb konnte ich mit sechs Jahren, als ich in die Schule kam, bereits perfekt lesen.

Mein Vater ging danach schlafen, und ich hatte noch Zeit, bis die Schule begann. Also bin ich jeden Morgen eine Stunde spazieren und bei Wind und Wetter in den Rathauspark gegangen. Jeden Morgen.

Ich kam meinen Vater natürlich in der Zeitung besuchen, immer an Samstagen und Sonntagnachmittagen, als die Extra-Ausgaben entstanden sind. Die Arbeiter haben mich auf das Förderband gesetzt und ich bin herumgefahren. Der Geruch von Druckerschwärze und Papier liegt mir heute noch in der Nase und so war mein Berufswunsch immer Journalist. Ich wollte irgendwie etwas mit der Zeitung zu tun haben.

Damals gab es eine Reichspressefachschule in Leipzig, wo man alles lernen konnte: Setzer, Drucker, Journalismus. Aber mein Vater hat gesagt: „Kommt nicht in Frage!" Denn damals fanden bereits die ersten Luftangriffe auf die deutschen Städte statt.

An der Hand meines Vaters habe ich Politik nicht nur intellektuell, sondern auch hautnah kennen gelernt. Im Jahr 1932 erlebte ich mit ihm noch den letzten Ersten Mai auf dem Rathausplatz. Ich kann mich erinnern, wie der legendäre Bürgermeister Karl Seitz da oben auf der Tribüne stand.

Mein Vater war kein Sozialdemokrat, er war – wenn es das jetzt in Österreich gäbe, wäre es wunderschön – ein echter Liberaler. Ein Liberaler, der mit einer großen Weitherzigkeit gelebt hat und interessanterweise traditionell gebunden war. Ich musste in die Kirche gehen, ich musste alle Riten der Kirche mitmachen.

Bei uns zuhause in der Lange Gasse Nummer 16 haben viele jüdische Freunde aus dem Pressewesen verkehrt. Ich kann sagen, dass ich aus einem sehr liberalen, freiheitlichen, demokratischen Haus stamme. In dieser Gesinnung bin ich groß geworden. Dann kam das Jahr 1938.

Alle sind ins Zentrum geeilt, den Hitler anschauen, meine Mutter, meine Tanten, alle. Mein Vater verbot mir das, ich durfte nicht auf den Heldenplatz gehen. Deshalb habe ich Hitler nie gesehen.

Mein Vater war der Einzige in unserer Familie, der Allereinzige in der ganzen großen, weiten Familie, der kein Nazi war. Da tue ich sicher manchen Leuten weh, aber sie leben ohnehin nicht mehr.

Auch meine Mutter war hin- und hergerissen. Als sie einmal zu einer Kundgebung gehen wollte, schrie mein Vater sie an: „Gut, geh'! Aber eins sag ich dir: Dein Herr Hitler ist der größte und dümmste Nebochant!" Es hätte keinen Sinn gehabt, sie zurückzuhalten, aber er hat's wenigstens versucht.

Meine Mutter und alle Verwandten und Tanten sind dem „Sieg heil!" erlegen, diesem Rausch der Stunde, dem viele Menschen erlagen, die eigentlich keine Nazis waren.

Er jedoch nicht. Er hat gesagt: „Dieser Hitler ist ein Verbrecher, der wird uns alle ins Unglück stürzen. Er wird den Krieg bringen." Mein Vater hielt eisern an seiner Überzeugung fest, eisern, eisern, eisern.

Deshalb war ich ein Papakind, kein Mamakind. Ich fühlte mich von seiner festen Haltung beschützt. Für mich war er der größte Vater der Weltgeschichte.

Zu blöd für die Schule

Nie werde ich vergessen, was mein Vater eines Tages zu mir gesagt hat: „Irgendwann musst du dich entscheiden: Bist du der Hammer oder der Amboss?"

Er war natürlich der Hammer. Er hat sich immer durchgesetzt. Das war für mich ein Antrieb. Er hat mir diese Laus ins Ohr gesetzt: „Du bist mein Sohn, du bist gescheiter, du musst weiterkommen!"

Das war deshalb so nett von ihm, weil ich ein ganz schlechter Volksschüler war. Da meine Mutter großen Wert darauf legte, dass ich in eine Privatschule ging, war ich also bei den Piaristen. Aber ich war einfach nicht schulreif und auch völlig verwöhnt, von ihr verhätschelt. Daher habe ich dort so meine Schwierigkeiten gehabt. Ich habe schlecht gelernt oder gar nicht aufgepasst oder geschlafen. Oder ich bin nicht mitgekommen, ich glaube, ich war einfach zu blöd. So wurde ich öfter ins Winkerl gestellt. Aber mein Gott, es war zum Aushalten.

Wir haben dort Piaristenuniformen gehabt, das waren so dunkelblaue Anzüge mit weißem Hemd und Matrosenkragerl. Das gefiel uns allen.

Ich bin ja bis heute ein Anhänger der Schuluniform. Wir könnten uns vieles von dem, was sich heute an den Schulen abspielt, ersparen, wenn wir diese Art von Kollektivlehre zuließen.

Trotzdem war ich zu blöd für die Volksschule. Bei den Feierlichkeiten habe ich zum Beispiel immer links ministriert. Der rechte Ministrant hat immer mehr zu tun. Der linke ist mehr eine Staffage. Und ich war halt immer der linke.

Im Piaristengymnasium bin ich dann gleich in der ersten Klasse durchgefallen. Sechs Nicht Genügend.

Die erste Klasse musste ich wiederholen. Ohne Erfolg, in der nächsten war ich wieder genauso schlecht. Da hat mein Vater ein Machtwort gesprochen: „So, jetzt ist Schluss. Mei Bua geht in die Hauptschul'.“

Mein Lehrer an der Hauptschule Zeltgasse war ein Anhänger der Glöckel-Schule, ein Sozialdemokrat, ein feiner Kerl.

Und bei diesem Lehrer hatte ich vom ersten Augenblick an nie eine andere Note als Sehr Gut.

Von einem Tag auf den andern. Seither weiß ich, dass ein Schulwechsel fundamental wichtig sein kann. Diese Geschichte habe ich oft erzählt, als ich später Unterrichtsminister war. „Schaut her“, habe ich gesagt, „ich bin ein ganz durchschnittlicher Mensch, der ein bissel was erreicht hat, und trotzdem war ich ein wirklicher Depp in der Schule.“ Ein schlechtes Schulzeugnis ist kein Urteil über das ganze Leben. Oft fehlt es dem Schüler nur am pädagogischen Eros. Der Eros – und mein großes Glück – war für mich dieser Lehrer. Er hat erreicht, dass aus dem größten Trottel doch noch ein Vorzugsschüler wurde.

Bomben über Wien

Ja, der Zilk betet. Bei den Piaristen, bei denen ich in die Volksschule ging, habe ich mir das Beten ein bissel abgewöhnt. Aber das kommt dann wieder in den Stunden der Not und Verzweiflung. Als die Bomben im Krieg heruntergefallen sind und unsere Wohnung in der Lange Gasse 16 schwer beschädigt war – die Fenster und Türstöcke herausgerissen –, als ich mit meinen Eltern im Luftschutzkeller saß, habe ich wieder zu beten angefangen. Dieses entsetzliche Sirenengeheul und dann dieses Brummen der großen Flieger am Himmel und das Näherkommen. Die Einschläge. Die Angst. Die Nächste wird's. Dann kracht es. Die es nicht erlebt haben, können es sich nicht vorstellen. Dann lernt man beten.

Darum hat mich das erste Buch von Johannes Mario Simmel so beeindruckt. Es ist ein relativ dünnes Buch, das Simmel, der fast gleich alt ist wie ich, als ganz junger Mensch geschrieben hat. Die Geschichte eines Soldaten, der während eines Luftangriffes durch Wien fährt, in einen Keller hineingeht und dort erlebt, was sich für die Menschen abspielt. Die Angst der Kinder, der betende Pfarrer, eine hysterische Frau. Wie die Bomben immer näher kommen, dieses Heulen, und dann trifft es das Nachbarhaus. Das Buch hat einen wirklich wunderbaren Titel: *Mich wundert, dass ich so fröhlich bin.* Um Unschuldige zu schützen, hat Simmel die Handlung, die eigentlich in Deutschland spielt, in eine andere, weit entfernte Stadt, nach Wien, und in ein anderes Jahr, 1945, verlegt. Er schrieb das Buch für seinen Sohn, den er nie bekommen hat. Der sollte lesen, was in der dunkelsten Zeit unserer Geschichte geschehen ist. Krieg, Diktatur und Unrecht sollte er hassen lernen – und mit ihm alle anderen jungen Menschen dieser nächsten Generation.

Mich hat mein Vater den Krieg hassen gelehrt. Einmal nahm er mich an der Hand und ging mit mir von der Josefstadt hinüber in den ersten Bezirk. Dort brannte der Stephansdom, und wir standen Hand in Hand davor und sahen, wie das Dach einstürzte.

In den letzten Kriegsmonaten hatte ich mit meinem Vater ein unauslöschliches Erlebnis. Wir waren zufällig im dritten Bezirk. Bei der Marxerbrücke hörten wir plötzlich jemanden singen. Es war ein dramatischer, an- und abschwellender Leidensgesang, der vom Bahngleis heraufdrang und nicht aufhörte. Wir waren wie erstarrt. Unser Blick über das Geländer der Brücke fiel auf einen Zug. Wir sahen Viehwaggons, aus deren Fenstern hilfesuchende Arme herausragten. Wir hatten keine Zeit darüber nachzudenken. Als wir gerade im Begriff waren, die Dramatik der Szene zu begreifen, kam schon die SS und verjagte uns von der Brücke. Mein Vater und ich konnten nichts mehr sagen. Wir haben gefühlt, was dort passierte. Das waren die Arme von zusammengepferchten Juden. Hier wurden Menschen transportiert, und man wusste nicht, was am Ende mit ihnen geschehen würde.

Mein Vater, der Antifaschist, hat aus mir den gemacht, der ich heute bin.

„Hinaus, du Schwein!"

Als ich 16 war, sagte mein Vater zu mir: „Du, jetzt wird's kritisch werden." Da war ich bereits an der Lehrerbildungsanstalt, einer Vorform der Lehrerakademie, einer Art von Obermittelschule. „Die werden jetzt kommen und werden für die SS werben. Wenn du da unterschreibst, dann brauchst du nie mehr nach Hause kommen. Du sagst einfach nein. Was immer die Folgen für dich und für uns sind."

Das war natürlich ein unglaublich starkes Argument. Etwas Schlimmeres als Liebesentzug konnte ich mir gar nicht vorstellen.

Und eines Tages war es tatsächlich so weit. Drei Jahrgänge wurden in den großen Zeichensaal hineingetrieben. Fesche SS-Offiziere kamen herein, einer mit nur einem Auge und einem Fuß, Ritterkreuz, knackige, sympathische Burschen. Die drei erzählten uns, dass es jetzt ums Ganze gehe, und der Führer mit jedem rechne. Wir mussten dann durch eine Schleuse, in einen kleinen Vorraum, jeder einzelne, und alle haben unterschrieben. Viele meiner damaligen Freunde sind nicht aus dem Krieg heimgekehrt, waren jahrelang in Kriegsgefangenschaft oder sind versehrt zurückgekommen. Vor allem waren sie als Nazis verrufen, obwohl sie gar keine waren. Aber sie waren bei der SS.

Und ich bin auch durch den Vorraum gegangen, wie immer als letzter im Alphabet. Der einarmige Offizier schaute mich gar nicht an und legte mir nur ein Blatt hin. Er forderte mich auf:

„Du unterschreibst." Da habe ich, die Worte meines Vaters im Kopf, gesagt: „Nein!"

Ich werde es nie vergessen. Schlotternd vor Angst – ich war kein Held – bin ich dagestanden. Der Offizier schaute mich an, er war ganz perplex und – das werde ich auch nicht vergessen – dann machte er so eine Bewegung, mit der rechten Hand ist er nach links gerückt, denn eine linke hatte er nicht mehr. Er zeigte mit seinem Zeigefinger nach links zum Ausgang und sagte: „Hinaus, du Schwein!"

Ich hatte Todesangst, wankte mit schlotternden Knien hinaus. Auf dem Gang an der Wand hing ein Telefonapparat. Ich rief meinen Vater an und sagte ihm: „Ich hab' nicht unterschrieben. Aber ich fürchte, wir werden jetzt Probleme kriegen!" „Macht nix", meinte mein Vater, „das Wichtigste ist, dass du es nicht gemacht hast. Alles weitere werden wir sehen." Ich habe eine große Überzeugung und ebensolchen Stolz aus seinen Worten herausgehört.

Es gibt drei Stellen, an denen ich weinen muss, wenn ich über mein Leben spreche. Das ist eine davon – beim Stolz meines Vaters auf mich, als ich es wagte, mich gegen die SS zu stellen.

Ich hatte furchtbare Angst, dass der Befehl zum Einrücken doch noch kommen könnte. Das Interessante ist: wir haben danach nie mehr etwas davon gehört.

Mein Vater setzte dann den Betriebsarzt im Ostmärkischen Zeitungsverlag, bei dem er Expeditleiter war, unter Druck. Er wusste, dass zwei Direktoren dank seiner Hilfe vom Wehrdienst verschont geblieben waren. Und so drohte er, alles aufzuzeigen, wenn er mich nicht krankschreiben würde. Das Attest dieses

Generalarztes hat mich vielleicht vor dem sicheren Tod bewahrt.

Ich empfinde diese Episode deshalb als so wichtig, weil sie mir später das moralische Recht gegeben hat, jenen, die nicht das Glück hatten, einen solchen Vater zu haben, auch an die Seite zu treten. Ich habe immer jenen geholfen, die jung waren, die überredet worden sind. Irgendwann mussten sie alle einmal unterschreiben. Auch der große Günter Grass, der diese wichtige Episode seines Lebens lange verdrängt hat.

Seit damals verstehe ich alle, die unter Druck unterschrieben haben. Ohne meinen Vater hätte ich das Schicksal eines Friedrich Peter erlitten. Ich hätte unterschrieben und wäre eingerückt. Man muss an sich selbst messen, was möglich ist und was nicht.

Vielleicht habe ich mir durch meinen Vater sogar den Heldentod in Sibirien erspart. Das ist mehr als ein göttlicher Zufall.

Der Krieg ist aus

Noch einmal griff der Krieg nach uns. Mein Vater und ich sollten zum „Volkssturm", zum allerletzten Aufgebot. Die Rote Armee war schon im Anmarsch, wir versammelten uns alle in der Piaristenschule – das war mein Glück. Denn dort habe ich mich ausgekannt. So konnten wir durch den Hinterausgang einer Weinhandlung über den Hof flüchten. Danach versteckten wir uns zwei Tage lang im Keller.

Irgendwann wurden die Einschüsse immer leiser, sie kamen von immer weiter her. Als wir wieder auf die Lange Gasse traten, war es menschenleer und unheimlich still. Plötzlich hörten wir ein Klingeln, ein Rasseln und sahen den ersten russischen Panzer von der Alser Straße herauffahren. Die Soldaten haben die weißen Fahnen gehisst und gewunken. Ich glaube, es war am 13. April 1945.

Als die Zeiger der Uhr gegen Mitternacht vorrückten, hörten wir ein heftiges Klopfen an unserer Wohnungstür. Die erste russische Streife war da. Mein Vater hatte schon auf sie gewartet. Er hatte ja einige Jahre in Polen gearbeitet, und so konnte er sich radebrechend mit ihnen verständigen. Inzwischen hatte er sogar einige russische Brocken dazugelernt.

Und so kamen sie herein, ein junger Rotarmist und zwei Chargen, nette Burschen, und sahen sich um, was es bei uns zu holen gab. Diese Trupps durchkämmten die Häuser mit dem Auftrag, Soldaten zu finden, die sich versteckt hielten, oder Flüchtlinge. Es kam auch zu Vergewaltigungen und zur Konfiszierung aller möglichen Wertgegenstände. Natürlich suchten sie auch nach Alkohol und Zigaretten.

Und da entdeckten sie in der Ecke meine Ziehharmonika. „Spielen!", schrie der eine. Ich musste Ziehharmonika und mein Vater Gitarre spielen. Wir haben Wiener Lieder zum Besten gegeben, Angst hamma g'habt dabei. „Weiter, weiter, weiter, weiter!" Mir war mulmig zumute, wir wussten, dass das noch nicht alles sein konnte. Wir mussten eine Stunde lang spielen. Den Strauß-Walzer haben wir gespielt, und viele Heurigenlieder. Danach waren wir völlig erschöpft. Wein hatten wir keinen, also haben sie ein Glaserl Wasser getrunken. Eigentlich waren sie ganz nett, so eine Mischung aus derb und freundlich.

Meine Ziehharmonika packten sie zusammen und stellten sie zur Tür. Mein Vater fragte: „Wieso?" Der Soldat hat gesagt, die nimmt er mit. Das war damals das gute Recht des Siegers. Die Gitarre meines Vaters ließen sie da.

„Uhrra! Uhrra!" riefen sie immer wieder. Uhrra war das berühmte Wort, das Zauberwort. Dann haben sie auch noch den dürftigen Familienschmuck, ein paar Goldringe mit irgendeinem Steinderl drin, Marienbilder und zwei Uhren, bescheidenst, gefunden. Das hatte meine Mutter in ihrer Handtasche versteckt, falls wir flüchten müssten. Der Russe nahm die Tasche und stülpte den gesamten Inhalt über den Tisch. Es war großteils wertloses Zeug, aber für meine Mutter bedeutete es viel. Der Russe nahm seine Pelzmütze ab und hielt sie an den Tischkantenrand. Mit der anderen Hand streifte er alles hinein. Dann sagten sie freundlich „Dos vidanja" und sind gegangen.

Meine Mutter weinte sehr, das machte meinen Vater zornig. Und das war wieder eine der großen Gesten meines klugen, bedeutenden Vaters, als er zu meiner Mutter sagte: „Jetzt sei doch nicht so dumm, denk einmal in Ruhe nach! Wir haben ein Dach über dem Kopf. Dein Mann und dein Sohn sind da mit heilen Gliedern. Jetzt gibst sofort a Ruh'!"

Der Krieg war endlich aus.

Wenige Tage vor Kriegsende hatte mein Vater seinen Arbeitsplatz im Zeitungsverlag verlassen. Auf dem Fleischmarkt in der Wiener Innenstadt, im ehemaligen Steirermühl-Gebäude, waren die Russen eingezogen und gaben ihre Besatzungszeitung heraus. Mein Vater war wieder einmal auf Arbeitssuche. Er musste mehrmals in seinem Leben neu anfangen, er war ein Lebensbewältiger. Das habe ich mit ihm gemeinsam. Wir haben beide mehrere Leben, eines farbiger als das andere.

Ich, ein Kommunist

Die Zeitungsarbeiter im Betrieb meines Vaters waren gestandene Sozialdemokraten. Im 38er-Jahr sind sie alle umgefallen. In 24 Stunden war der ganze Zeitungsbetrieb pro Hitler und pro Deutschland. Nur mein Vater nicht.

Weil Franz Zilk ein strenger Vorgesetzter war, wurde er verfolgt – sogar von ehemaligen treuen roten Arbeiter-Funktionären. „Wir lassen uns nicht von einem reaktionär-konservativen Chef unterdrücken!"

In den ersten Kriegsjahren hatten sie meinem Vater einen Zettel auf den Tisch gelegt, den er in der Früh nach Hause brachte: „Jetzt ist die Zeit für Unterdrücker vorbei. Hitler hat uns befreit!" Zu jener Zeit wurden noch Aufrufe verteilt, auf denen stand: „Jetzt erst recht! Nieder mit den Bolschewisten."

Das glaubten viele, bis zum Schluss. Dann übernahmen die Russen den Betrieb.

Mein Vater war wieder einmal arbeitslos. Bis er in diesen schrecklichen Tagen eine Stelle fand, zog er herum und handelte mit den Russen. In einer Lade hatten wir noch vom Urgroßvater eine ganz alte Zwiebeluhr mit einem Ziffernblatt, auf dem kleine Blümchen darauf waren. Damit marschierte er zum Heldenplatz. Dort haben die Russen biwakiert. Mein Vater sah, wie sie ein Pferd zerlegten und kochten. Er ging in so ein Biwak hinein und zeigte seine Zwiebeluhr her. Er sagte, er würde mit ihnen tauschen.

Ich werde nie vergessen, wie er dann mit einem großen, wunderbaren Stück Pferdefleisch nach Hause gekommen ist, mindestens zwanzig Kilo waren das, und einem vier Kilo schweren Butterblock. Das hatte er mühselig nach Hause geschleppt. Und dann lud er die gesamte Hausgemeinschaft ein, meine Mutter kochte zähneknirschend Pferdegulasch, sie hat ja kein Pferdefleisch gegessen, Pferdefleisch zu essen war eben unter ihrer Würde. Aber wir aßen an jenem Abend das beste Gulasch unseres Lebens.

Einmal lernte mein Vater einen Offizier aus Sibirien kennen, den er mit dem Fahrrad bis nach Korneuburg besuchen fuhr. Der Offizier bewirtete ihn in einer Villa und mein Vater kam mit zwei Flaschen Wodka heim.

Dann fuhr er nach Neulengbach hamstern, wenn wir Eier brauchten, und von dort mit der Bahn in die Umgebung von Wien. Im Tausch gegen Wollschals, Handschuhe und alte Uhren gab es Lebensmittel.

Bei einer dieser Fahrten mit dem Zug hatten einmal alle Männer den Zug in Eichgraben zu verlassen und wurden von den Russen kontrolliert. Man wusste nie, ob man nicht in irgendeine Razzia geriet. Die Russen setzten solche Männer in ihrer Kommandantur oder beim Straßenbau ein, manche kamen erst nach zehn Jahren aus Sibirien zurück aus einer Art Pseudokriegsgefangenschaft. Das konnte sich mein Vater ersparen. Er drückte sich in die Büsche und kam wieder heil nach Hause.

Wir hatten damals einen Wohnungsnachbarn, den Herrn Saxinger. Er ist mir immer so als Dunkelmann erschienen, ein wortkarger, fanatisch wirkender Mensch. Seine Frau war eine sehr herbe, moderne Frau mit einem Bubikopf, den man damals nicht trug, einem Männerhaarschnitt.

Im Jahr 1944 sprach mich Herr Saxinger an: „Kommen Sie doch einmal zu mir, Sie gefallen mir so gut und Ihr Vater gefällt mir auch."

In seiner Wohnung fiel mein erster Blick auf eine Bücherwand mit marxistischer Literatur. Dann sah ich, dass er schwer verwundet war, der Herr Saxinger. Er hatte nur einen Fuß und eine Hand und auch nur ein Auge. Er war in Stalingrad gewesen und entkam dort nur knapp einer Strafkompanie. Ich habe den Herrn Saxinger immer heimlich wegen seines Mutes verehrt. Er war schon in den dreißiger Jahren polizeibekannt, wurde tageweise verhaftet und ist immer wieder irgendwie aufgetaucht.

Ich habe dann Engels, Marx und Stalin gelesen. Ich lernte später viele Leute kennen, Führungskräfte des Marxismus von der kommunistischen Partei bis hinein in die Sozialdemokratie. Ich würde sagen, mit wenigen Ausnahmen wie Bruno Kreisky haben sie alle davon keine Ahnung gehabt, das waren alles Marxismus-Bezieher aus vierter Hand. Ich habe Marx gelesen. Und so geriet ich in einen Zirkel illegaler Kommunisten. Heute würde man von einem kommunistischen Widerstandskreis sprechen.

Aber Widerstand ist ja keiner geleistet worden. Wir haben in der Schule Zettel gepickt und sind davongerannt. Wir haben Unruhe gestiftet, wir haben die Instrumente im Schulorchester verstellt. Heute wirkt das alles lächerlich. Ich habe nie darüber geredet, weil das alles unbedeutend ist.

Ich besitze sogar ein Zeugnis, in dem über mich steht: „Eine politische Unverlässlichkeit". Das hätte es mir in der Nazi-Zeit eigentlich unmöglich gemacht, Lehrer zu werden. Es ging Gott sei Dank anders aus.

So kam das Jahr 1945. Da erlebte ich die Wahrheit des Kommunismus. Heute üben wir uns ja alle, auch die ganz Bürgerlichen, in Nachsicht. Die Psychologen sprechen von Erinnerungsverklärung – „alles nicht so arg".

Ich habe schon sehr bald gewusst, dass das ein ebenso menschenverachtendes Regime war. Kommunisten sind Menschen eines besonderen Schlages, sagte Stalin einmal. Nun, das habe ich nicht festgestellt.

Aber wirklich interessiert hat mich damals bei einer Versammlung in einem Vorstadtweinhaus ein Politiker namens Julius Raab. Da saßen so zwei-, dreihundert alte Männlein und Weiblein, brave Christlich-Soziale. Ich war dort hingegangen, weil es mich interessierte, was die Parteienvertreter vor der ersten Wahl im Herbst 1945 zu sagen hatten. Und da stand Raab, wie immer hatte er seinen Daumen in der Weste drinnen stecken, und sagte: „Meine Frauen und Herren!" Das war seine Anrede. „Meine Frauen und Herren, Sie brauchen keine Angst mehr haben, wir werden das alles schaffen." Alle haben zu ihm aufgeschaut. „Schauen Sie", meinte er, „Sie haben Angst vor der Revolution und den Kommunisten. Ich sage Ihnen das jetzt als alter Niederösterreicher: Eine Revolution ist wie ein Mostfassl!" Darauf haben alle schon einmal befreiend gelacht. Dann sagte er: „Warten'S nur, wenn man das Fassl umdreht, dann schwimmt der Dreck oben." Da haben wieder alle gelacht. „Aber beruhigen Sie sich! Der senkt sich schon."

43

Das war das erste politische Bonmot, das ich in meinem Leben gehört habe. Ich habe damals gesehen, dass es noch etwas anderes gibt. 1946 bin ich aus der KPÖ ausgetreten und habe meine politische Heimat bei den sozialistischen Lehrern gefunden.

Mutter mit Stil

Meine Mutter war eine elegante Frau. Wenn ich Jugendfotos von ihr anschaue, dann war sie auch eine sehr schöne Frau und sehr sexy. Ja, sie war sexy. Meine Mutter habe ich auch sehr geliebt. Trotzdem haben wir nie miteinander korrespondiert. Sie war ein viel härterer Mensch als mein Vater, viel egozentrischer.

Meine Mutter hatte auch Lebensstil. Ich habe von ihr viel gelernt. Zum Beispiel, dass man mit Trinkgeld weit kommt. „Ein offenes Portemonnaie öffnet dir alle Türen", sagte sie immer. Und ich habe von ihr gelernt, richtig Wein zu trinken! Als ich sechzehn war, hat sie mich in ein Beisl mitgenommen. „Jetzt wirst du bald Wein trinken müssen, da wird man dich unter den Tisch saufen, da musst du vorbereitet sein." Ich habe von ihr gelernt, Wein mit Maß zu trinken und ich kann von mir behaupten, dass ich zwar immer gern Wein getrunken habe, aber nie in meinem Leben wirklich betrunken war.

Ich habe von ihr auch gelernt, das Leben zu genießen. Mein Vater hat ja in den dreißiger Jahren schon gut verdient, er hat sehr viel verdient. Wie viel genau, das weiß ich nicht mehr, aber ich habe einmal umgerechnet, dass es heute sicher 50 000 Schilling netto im Monat wären. Ja, ja, ich rechne immer noch in Schilling. An den Euro habe ich mich nie richtig gewöhnt. Meine Mutter ging einmal pro Woche mit mir zur Bellaria. Die Bellaria war eine Konditorei, wo ich immer Cremeschnitten mit ihr aß oder Indianer mit Schlag. Zu ihrem etwas eigenwilligen

Lebensstil gehörte auch, dass sie unbedingt wollte, dass ich in eine Privatschule ging. Also landete ich bei den Piaristen. Jedoch konnte ich ihren Vorstellungen dort in keiner Weise gerecht werden, sie war ja zwanghaft ehrgeizig und ich ein grottenschlechter Schüler.

Meine Mutter hat mich auch manchmal geschlagen. Sie war, wenn man die Mütterlichkeitstypologien der Kinderpsychologin Hildegard Hetzer hernimmt, was man eine triebhafte Mutterpersönlichkeit nennt. Sie war manchmal hemmungslos und ist mit dem Teppichpracker auf mich losgegangen und hat mich gehaut, wo sie mich erwischt hat.

Die triebhafte Mutter ist übertrieben streng, sowohl in der Erziehung als auch in der Liebe zu ihrem Kind. Zwischen den beiden Extremen pendelte sie. So war meine Mutter.

Sie war auch eine emanzipierte Frau. Sie ist ins Kaffeehaus gegangen, um Karten zu spielen. Oft saß sie im Extrazimmer des Wirtshauses Blauensteiner. Dort hat Heimito von Doderer sich sehr in sie verliebt. Das Ausmaß dieser Liaison ist mir nicht bekannt. Aber in Wolfgang Fleischers Biographie des Schriftstellers heißt es über meinen Vater: „Doderer hatte dessen schöne Frau verehrt und war von ihrem Mann mit dem Bannstrahl der Eifersucht belegt worden." Diese schöne Frau war meine Mutter, Stefanie Zilk.

Sie war eine außergewöhnliche Frau. Vielleicht hat das unbewusst auf mein Frauenbild abgefärbt. Aber sie war trotz ihrer Exzentrik auch ein guter Mensch. Jedem, der damals in Not war, hat sie geholfen. In unserer Wohnung verkehrten bis in den Krieg hinein Juden. Und es sind immer Leute zu uns essen gekommen.

Meine Mutter hat mir auch die Welt des Theaters erschlossen. Noch vor dem Krieg ging sie oft mit mir ins Stadttheater, auf den Stehplatz, da haben wir alle Operetten gesehen. Später hatten wir auch Stehplatzkarten fürs Burgtheater und für die Oper. Ich war viele Jahre lang Stehplatzbesucher. Eine besondere Liebe entwickelte ich zum Ballett. Ballett ist so etwas Menschliches.

Dass ich später einmal einer Frau begegnen würde, die genau diese Talente besitzt, die Ballett bis zur Perfektion beherrscht, konnte ich damals noch nicht ahnen.

Meiner Mutter verdanke ich auch, dass ich 1951 zum Doktor der Philosophie promovierte. Ohne sie hätte ich es niemals geschafft. Meine Mutter hat sich bei der Uni angestellt, hat für mich Unterlagen besorgt, manchmal hat sie sich sogar für mich in die Vorlesungen gesetzt. Ich habe mein Studium nach vier Jahren abgeschlossen. Das heißt: *Wir* haben es in vier Jahren gemacht …

Was ich von ihr geerbt habe? Ich glaube, meine Sentimentalität. Das kann ich unmöglich von meinem Vater haben, diesem standhaften, in seinen Überzeugungen so gefestigten Menschen.

Lehrer wider Willen

Meine Feinde werfen mir immer vor, dass ich der ewige Oberlehrer sei. Mich kränkt das gar nicht, das kann höchstens einen Lehrer kränken. Ich wollte nie Lehrer werden. Aber mein Vater hat gefunden, das sei etwas Sicheres. „Lehrer brauchen's." Also bin ich 1945 Schulhelfer geworden. Es gab ja damals weit und breit keine Lehrer, weil sie entweder an der Front oder in Gefangenschaft oder verwundet waren.

Meine erste Klasse war in der Vorgartenstraße 191, neben der „Brücke der Roten Armee", die heute wieder Reichsbrücke heißt. Fünfzig Kinder waren in meiner Klasse, alles Buben im Alter von sieben bis elf Jahren. Volksdeutsche Flüchtlingskinder, Kinder mit allen Erziehungsschwierigkeiten, Sorgen und Nöten, die es gibt. Ich habe erlebt, wie schwer und wie schön es ist, mit diesen Kindern zu arbeiten. Ich dachte mir: „Na, bleibst einige Zeit Lehrer." Obwohl ich immer noch davon träumte, Journalist zu werden.

Ich bin dann ein bissel aufgefallen und wurde als einziger Junglehrer 1947 vom Stadtschulratspräsidenten nach Basel zu einem Lehrerkongress geschickt. Das war eine schwierige Fahrt mit dem Identitätsausweis über die Zonengrenze. 13 Stempel musste man haben, die die Russen penibel nachzählten. Die Amerikaner spritzten mir mit der DDT-Spritze unters Hemd, weil sie Angst hatten, ich könnte russische Läuse mitbringen und ähnliches Demütigendes mehr. Ich hatte schlechte Kleidung und einen Mantel an, den mir meine Mutter aus einer Pferdedecke geschneidert hatte. Und so kam ich nach Basel.

Ich erinnere mich noch genau an den Augenblick, in dem ich den Schaffner im Zug gesehen habe. Er trug eine wunderschöne graue Cord-Uniform und ich dachte mir, ob ich jemals in meinem Leben so einen Anzug besitzen würde wie dieser Schweizer Zugbegleiter. Der Anblick dieses Schaffners mit seiner Uniform ist ein Grund meiner tiefen Beziehung zur Schweiz.

Auf der Rückfahrt gab ich in Zürich in der Jugendherberge mein letztes Geld aus und fütterte am Zürichsee die Schwäne mit altem Brot, weil ich mir dachte: „Hierher wirst du dein ganzes Leben lang nicht mehr kommen." Ich war später noch oft Schwäne am Zürichsee füttern, als meine Frau in Zürich Theater spielte, und jedes Mal kam es mir wie beim ersten Mal wie ein Wunder vor.

In meiner Lehrerzeit habe ich an der Volkshochschule Ottakring unterrichtet. Fast jeden Tag leitete ich dort Kurse, machte Filmbesprechungen, führte Diskussionen. Ich musste Geld dazu verdienen. Von einem Gehalt von 150 Schilling konnten meine Eltern und ich nicht leben. Zum Verhungern zu viel und zum Sattwerden zu wenig.

Ich hatte noch andere Nebeneinkünfte. Mit Stemmeisen habe ich zerschossene russische Panzer ausgeschlachtet, um an Kugellager heranzukommen. Das war absolute Mangelware, die man im Schleichhandel zu astronomischen Preisen verscherbeln konnte. Kugellager gab es in ganz Wien nicht, nur beim Hilfslehrer Zilk konnte man sie kaufen – im „Schleich" eben.

1948 heiratete ich aus einer gewissen Sentimentalität heraus das erste Mal. In den letzten Kriegstagen hatte ich ein Mädchen namens Vera kennen gelernt. Im Bombengeheule hatten wir von einer gemeinsamen Zukunft geträumt und uns die Ehe versprochen. Als der Krieg aus war, heirateten wir und zogen in eine winzige Wohnung im 12. Bezirk. Es war der Vollzug einer Kriegsliebe. Und es war viel zu früh, wie sich bald herausstellen sollte. Wir waren zu unterschiedliche Menschen und fanden keinen Halt. Wir waren außerdem zu jung, zu unerfahren. 1952 ging die Ehe auseinander. Frau Zilk die Erste ging nach Australien. Ich habe nie wieder etwas von ihr gehört, obwohl ich bis zum heutigen Tag immer wieder versucht habe, sie zu finden.

Hotel Mama

Meine Ehe war also in die Brüche gegangen und ich zog, sehr zur Freude meiner Mutter, wieder zuhause ein. Der verlorene Sohn kehrte zurück. Die nachfolgenden Jahre zählen zu den schönsten meines Lebens. So gut ist es mir nie mehr gegangen.

Als Lehrer habe ich mich vom Schulhelfer zum Hauptschullehrer weiterentwickelt. Ich kam als Pädagogikprofessor an die Lehrerbildungsanstalt.

Das ist an meinem Leben wirklich interessant: Ich bin von Jugend an immer in besondere Situationen gesetzt worden. Das begann damit, dass ich als Schulversager später der Beste bei der Matura war. Das ging damit weiter, dass ich schon unterrichtet habe, bevor ich noch überhaupt Lehrer war. Ich habe erst nachträglich das Lehramt, also die Prüfung für die Lehrerbildungsanstalt, gemacht. Dafür fing ich relativ früh an, praktische Schulpolitik zu betreiben.

Ich war zum Beispiel nie zufrieden mit der Form, in der früher unterrichtet worden ist. Wenn heute die Unterrichtsminister davon sprechen, dass wir vom Frontalunterricht wegkommen müssten, dann kostet mich das nur ein müdes Lächeln. Das wusste ich damals schon. Ich schrieb das erste Buch über Gruppenunterricht gemeinsam mit dem damaligen Schuldirektor August Wittak: *Theorie und Praxis des Gruppenunterrichts*. Auch eine Menge Artikel habe ich verfasst.

Gleichzeitig inskribierte ich auch Pädagogik, Psychologie und Germanistik. Da ich zuhause wohnte, hat mich meine Mutter umsorgt und ich konnte drei Sachen gleichzeitig machen: Unterrichten, Nachhilfe geben und studieren.

Nachhilfe war nötig, um Geld zu verdienen, Geld für meine Eltern, aber auch Geld für meine Eskapaden. Dazu komme ich noch.

Von 1952 an war ich einige Jahre auf der Eisenbahnerakademie tätig, der neu geschaffenen Fortbildungsschule für Eisenbahner, in der die Bundesbahn ihre Beamten selber ausbildete. Vormittag Schule in Wien, Nachmittag Eisenbahnerakademie in Neulengbach, am Abend Volksbildung in der Volkshochschule Ottakring. So habe ich jahrelang gelebt.

Das Studium konnte ich nur mit Hilfe meiner Mutter absolvieren. Sie hat für mich so manche Unterschrift bei den Professoren besorgt, sie ist angestanden bei den Warteschlangen. Ich hätte das aus Zeitgründen gar nicht gekonnt.

Durch die Fürsorge meiner Mutter – mir hat es wirklich an nichts gefehlt – konnte ich am Abend sogar ausgehen und mich bis in die frühen Morgenstunden hinein diversen Damen widmen. Ich war ein Herumzieher, habe für mein Leben gern Karten gespielt. Ich hatte immer einen fatalen Hang zum Spielen und habe auch viel Geld verloren, unendlich viel für damalige Verhältnisse.

Trotzdem promovierte ich 1951. Damals habe ich uns einen sehnlichen Wunsch erfüllt: Wir haben sämtliche Ersparnisse zusammengekratzt und Bananen gekauft. Die Lebensversicherung meines Vaters verwendeten wir dazu, zu dritt im Rathaus-keller zu dinieren.

Immer wieder habe ich mich trotz meiner akademischen Laufbahn an meine journalistischen Ambitionen erinnert. 1955 wurde das Fernsehen gegründet und der Zufall und meine frechen Sprüche wollten es, dass ich den Auftrag für eine Fern-sehsendung bekam.

Plötzlich ein Fernsehstar

Als Volksbildner habe ich mich zunächst als Feind des Fernsehens profiliert. Ich prophezeite schreckliche Zeiten: Die Leute werden nix mehr lesen, so wie in Amerika, habe ich den Teufel an die Wand gemalt, das Fernsehen wird die Menschen verderben. Und dem ersten provisorischen Fernsehchef – es war Direktor Gerhard Freund – richtete ich vollmundig Folgendes aus: „Sie haben eine Riesenverantwortung, denken Sie daran!"

Freund war als Gewerkschaftsfunktionär und aufgeschlossener Kulturarbeiter bekannt. Er war auch Sänger und mit einer Sängerin verheiratet. Er hatte eine ganz eigene skandierte Art des Sprechens und sprach immer in abgehackten Sätzen. Freund hat das beeindruckt, dass sich ein junger Lehrer so aufpudelt, und er meinte: „Sie, passen'S auf. Reden kann ein jeder, kommen Sie morgen früh zu uns."

Das ORF-Büro befand sich damals in einem leeren Schulgebäude in Wien-Meidling, wo ich dann tatsächlich den Auftrag für die ersten Fernsehsendungen bekam. Von den Mitarbeitern, die von der Stunde Null an dabei waren, bin ich der einzige noch Lebende. Am Anfang habe ich eine Art Literatursendung für Kinder gemacht. Daraus sind Jugenddiskussionen entstanden. Ich ließ berühmte Künstler und Politiker mit Jugendlichen diskutieren. Leopold Figl war zum Beispiel unser Gast. Ich glaube, es war der einzige Fernsehauftritt, den er je gemacht hat. Bundeskanzler Julius Raab war bei mir, später dann auch Franz Olah. Auch Attila Hörbiger und Paula Wessely sind gekommen. Nur die Technik musste kalkuliert werden, die Mitwirkenden bekamen kein Honorar. Das war damals billigstes Fernsehen – und völlig einmalig im deutschsprachigen Raum.

Und so bin ich in das Fernsehen hineingewachsen, mit immer neuen Aufgaben und neuen Serien. An die zehn Serien, die ich schon längst vergessen habe, gründete ich mit. Mit einem meiner Mitarbeiter führte ich das Schulfernsehen ein, die Berufsberatungs-Sendereihe *Was könnte ich werden?* und eine recht kuriose Sendung mit dem Titel *Sonntag in Europa*. Das war eine Sendung ohne Text, nur mit Musik unterlegt, sodass wir sie europaweit verkaufen konnten. Damals gab es einen großen Programmhunger, und wir mussten das nicht einmal synchronisieren. Wir haben jeweils das Bild einer Stadt gezeichnet: Sonntag in Moskau, Sonntag in Paris, Sonntag in London, Sonntag in Berlin. Das war damals gar nicht schlecht, für die heutige Zeit wäre es natürlich zu simpel.

1958 übersiedelten wir ins Ronachergebäude. Zu der Zeit kam die Schartner-Bombe auf den Markt. Ich fuhr einen Puch-Roller und habe ums Eck in der Lehrerbildungsanstalt Hegelgasse unterrichtet. In der großen Pause bin ich geschwind in mein Büro im Ronacher gelaufen. Ich habe Fernsehen quasi nebenbei gemacht.

Immer mehr und mehr habe ich auch in der Verwaltung mitgearbeitet, und zwar völlig unbefugt, weil ich ja keine Prokura hatte, nur einen Ausweis als freier Mitarbeiter.

Ich war bereits einigermaßen bekannt, denn in der Koalitionsvereinbarung von 1963 kommt es zu einem österreichischen Kuriosum, das in der Geschichte bis heute einmalig geblieben ist. Zwischen Volkspartei und SPÖ wurden alle möglichen Schlüsselpositionen aufgeteilt. Nur ein einziger Name wurde festgehalten, und zwar meiner: „Im Rahmen des Fernsehens wird der dort tätige Doktor Helmut Zilk mit einem Dienstvertrag ausgestattet." Den wollte ich aber gar nicht, weil ich als freier Mitarbeiter deutlich mehr verdiente.

Kurz vor der Rundfunkreform 1965 übernahm ich immer öfter die Agenden des Fernsehdirektors, denn Gerhard Freund war sehr oft krank und daher wenig da. Man hat Zutrauen zu mir gehabt, ich weiß gar nicht wieso. In dieser Zeit wurde ich plötzlich „zeichnungsberechtigt"! Ich unterschrieb Akten – ohne Prokura. Ich wäre dazu rein juristisch gar nicht berechtigt gewesen. Noch heute liegen in den Ablagen des ORF hunderte Verträge in Millionenhöhe, die in Wahrheit gar nicht gültig wären. So etwas ist wohl nur in Österreich möglich.

Später machte ich politische Sendungen, die letztendlich auch immer bildungspolitisch waren. Die *Stadtgespräche* zum Beispiel wurden erstmals am 12. März 1963 ausgestrahlt. Solche Daten merkt man sich. „Was sagt uns der 13. März heute?" war unser Thema. Am 13. März 1938 marschierten bekanntlich die deutschen Truppen in Österreich ein.

Alle sagten damals: „Das geht nicht, das kann man nicht machen!" Ich habe gesagt: „Ich möchte aufrufen, wer will kann kommen."

Die erste Sendung machten wir im Steyr-Daimler-Puch-Haus, den heutigen Ringstraßen-Galerien. Das hatte damals riesige Glasfassaden, man konnte hineinsehen. Wir haben 50, 60 Sessel aufgestellt und wahllos Leute von der Straße zusammengetrommelt. Da konnte jeder hinein, wenn er wollte, und jeder konnte sagen, was er wollte. Das war 18 Jahre nach dem Krieg revolutionär – die Menschen haben nach mehr als einem Jahrzehnt Diktatur – erst die austrofaschistische Diktatur, dann Hitler-Deutschland – keinerlei Erfahrung im demokratischen Umgang miteinander gehabt. Es war tumultartig, jeder hat jeden angeschrien und niedergebrüllt, und ich war als Dompteur mittendrin und habe zum Teil Handgreiflichkeiten gerade noch verhindert. Aber das machte den Reiz der Sendung aus.

Die Sendung wurde ein durchschlagender Erfolg, ein Straßenfeger wie ein Kriminalfilm. Die Zeitungen berichteten in Schlagzeilen, und wir schrieben ein Stück Fernsehgeschichte.

Im Lauf der Zeit wurde die Arbeit beim Fernsehen immer disziplinierter und ordentlicher, sodass man manches wieder „anzünden" musste. Ich machte zwanzig Jahre lang die *Stadtgespräche*. Helmut Thoma, der legendäre Programmdirektor von Radio Luxemburg und Macher von RTL, sagt immer, das sei die erste völlig freie Diskussion mit Zufalls-, mit Straßenpublikum im deutschen Sprachraum gewesen, auf diese Sendungen hätten sich alle nachfolgenden Diskussionssendungen begründet. Und ich könnte viel stolzer darauf sein.

Später bekam ich für das *Auslandsecho*, die erste regelmäßige Diskussion zwischen Journalisten aus Ost und West, den höchsten deutschen Fernsehpreis, die „Goldene Kamera".

Der *Expreß* schrieb damals: „Wenn der Zilk was macht, ist immer was los. Der dunkelhaarige Lehrer mit der vollen

Stimme ist ein Fernsehfanatiker. Mit dem Gefühl einer exzellenten Hausfrau leitet er brisante Diskussionen und Interviews: Er lässt die Milch zum Brodeln kommen, dreht aber in dem Moment, in dem sie sich anschickt, überzugehen, den Gashahn mit Gelassenheit ab."

Franz Olahs Spitzelakten

In den sechziger Jahren machte ich im ORF gelegentlich auch politische Interviews und wirkte auch bei der Wahlberichterstattung mit.

Eine der Sternstunden meiner Tätigkeit war, als der damalige Innenminister Franz Olah – heiß umstritten, heiß umfehdet – einer der Tapferen des Jahres 1938 und KZler, aber auch einer der eigenwilligen Gewerkschaftsführer, mich zu sich rief und mir sagte, er wolle mir etwas zeigen.

Gemeinsam mit dem damals noch sehr jungen Josef Riedler, der später Chefredakteur der *Arbeiterzeitung* und danach der *Neuen Zeit* in Graz wurde, ging ich zu ihm. Olah nahm aus einem Wandschrank einen großen Packen Akten heraus, lauter Spitzelakten.

In diesen Akten war nachzulesen, dass die österreichische Staatspolizei ab den fünfziger und sechziger Jahren alle wichtigen Leute bespitzelt hatte. Politiker, Künstler, Pfarrer, Persönlichkeiten auf allen Ebenen. Auch über den Vorgänger des roten Olah, den berühmten roten Innenminister Afritsch, gab es einen Spitzelakt.

Die Staatspolizei, die noch dazu in rot-schwarzer Führung war, hatte also auch ihren eigenen Innenminister bespitzelt. Dabei ist in sonderbarer Weise immer angedeutet worden, dass Afritsch vielleicht auch „vom andern Ufer" sein könnte und Ähnliches mehr. Das hat damals natürlich viel mehr Brisanz gehabt als heute.

Die Apparate hatten sich selbstständig gemacht. Man weiß ja auch vom FBI, dass es sich der amerikanischen Regierung jahrelang entzogen hat. Der deutsche Staatspolizeidienst hat lange gemacht, was er wollte und unabhängig von der Regierung agiert. Und so hat sich auch die österreichische Staatspolizei sehr verselbstständigt. Man hörte Telefone ohne richterlichen Befehl ab und observierte Leute ohne Auftrag.

Franz Olah sagte zu uns: „Das solltet ihr veröffentlichen."

Ich sagte sofort zu: „Ja, das machen wir. Ich mach heut' ein Interview mit Ihnen in der *Zeit im Bild*". Und Riedler meinte: „Ja, und ich schreibe morgen in der *Arbeiterzeitung* einen großen Artikel."

Am nächsten Tag prangte die Spitzelstory in riesigen Lettern auf den Titelseiten aller österreichischen Tageszeitungen. Das war eine innenpolitische Bombe!

Einzig und allein die *Tiroler Tageszeitung* schrieb damals: „Olympische Spiele eröffnet!" Na ja, das war verständlich. Immerhin fanden die Olympischen Winterspiele in Innsbruck statt.

Diese Geschichte löste eine innenpolitische Krise aus. Die Genossen warfen mir vor, ich sei daran schuld. Aber ich war ja nur ausführendes Organ. Wenn ich es nicht veröffentlicht hätte, dann hätte es ein anderer gemacht.

Olah wurde später wegen eines Sparbuchs verurteilt, das er von den Amerikanern zum Zwecke der Förderung des Antikommunismus übernommen hatte. Dieses Geld hatte er bekanntlich für die Gründung der *Kronen Zeitung* verwendet. Dafür wurde er später zu einem Jahr Gefängnis verurteilt, allerdings mit der ausdrücklichen Feststellung, dass er sich keiner persönlichen Bereicherung schuldig gemacht hatte.

Ich bewahrte zu ihm trotz seines Parteiausschlusses stets ein korrektes Verhältnis. In Salzburg, bei den Festspielen, sahen wir uns viel später wieder. Olah meinte, es sei nicht gescheit, wenn ich mich mit ihm sehen ließe. Aber mir war das völlig wurscht. Ich habe mich nie angepasst – und bin trotzdem etwas geworden.

Franz Olah und mich verbindet übrigens bis heute eine tiefe Zuneigung.

Die Weltsensation

Während der Kalte Krieg zwischen den Weltmächten herrschte, versuchte ich, über den Eisernen Vorhang hinweg Kontakte mit Österreichs Nachbarländern aufzubauen. Das war ein ganz schwieriges, kompliziertes Geschäft. Ich baute dadurch Kontakte mit Leuten in der Slowakei, in Tschechien und auch in Ungarn auf. Ich fuhr dauernd in der Weltgeschichte herum, um zum Beispiel Filme einzukaufen. Ich reiste x-mal nach Bratislava, nach Prag und nach Warschau. Der ehemalige Ostblock produzierte damals ganz hervorragende Kinder-, Jugend- und Puppenfilme.

Bei einem Aufenthalt in der damaligen Tschechoslowakei kam mir die Idee zu einer wirklich legendären Rundfunktat. Mit dem liberalen Rundfunkdirektor Jiří Pelikán plante ich mitten im tiefsten Kommunismus ein *Stadtgespräch Prag-Wien*.

Darauf bin ich wirklich stolz. Am 10. September 1964 wurde die Sendung live ausgestrahlt und simultan übersetzt. Vor den Augen der Welt saß eine Gruppe von Österreichern wie Günther Nenning und vielen anderen populären Politikern kommunistischen Führern gegenüber, die dann später zum Teil gar keine Kommunisten sein wollten. Es gab eine hitzige Diskussion, die übertragen wurde. Es war eine Sensation für die damalige Tschechoslowakei. Der Fernsehdirektor wurde danach für einige Zeit abgesetzt. Jiří Pelikán war ja einer der Väter des Prager Frühlings. Marshall McLuhan, der berühmte amerikanische Fernsehphilosoph, sagte einmal, dieses *Stadtgespräch* sei eigent-

lich zum stillen Anstoß für den Prager Frühling geworden, weil
zum ersten Mal ein freies Wort über das Fernsehen gekommen
sei. Ich bekam nach der Wende die Ehrenbürgerschaft der Stadt
Prag, ich wurde auch Ehrenbürger der Stadt Bratislava. Später
bezichtigte man mich, ein Spion zu sein.

Das änderte nichts an meinen Beziehungen. Ich bin Präsident
der Österreichisch-Tschechoslowakischen, jetzt seit der Tren-
nung der Österreichisch-Tschechischen Gesellschaft. Und das
bin ich gerne, weil das nördliche Nachbarland die Heimat vieler unserer Väter und Großväter ist. Und das war auch immer
die Triebkraft für mich, zu versuchen, zumindest über den
Äther möglichst viele und gute Kontakte zu den Menschen zu
haben, die dort lebten und die diese Zuwendung so dringend
gebraucht haben.

Genauso bedurfte Österreich früher der Zuwendung der
westlichen Welt während der Nazi- Zeit.

Später machten wir auch *Stadtgespräche* in der Schweiz. Aber
sie kamen an das Original nicht mehr heran.

Damals half mir übrigens meine zweite Frau Erika, die aus
einer Wiener Familie mit tschechischen Wurzeln stammte. Eine
eifrige, sehr junge Lehrerin, ich hatte sie Mitte der fünfziger
Jahre kennen gelernt. Sie hatte meine Vorlesungen besucht und
war eine der besten Lehrerinnen, denen ich je begegnet bin.
Gottbegnadet und hingebungsvoll. Wir wohnten zur Unter-
miete in einer kleinen Wohnung im zweiten Bezirk, 1957 heirateten wir. Als ich dreißig war, dachte ich, es wäre schön, ein
Kind zu haben. Unser Sohn Thomas kam 1958 auf die Welt.

Aber unsere unterschiedlichen Berufe brachten uns immer
weiter auseinander. Erika war mit Leib und Seele Lehrerin.

Meine Mutter hat sich damals sehr um unser Kind gekümmert. Am journalistischen Teil meines Lebens hatte Erika kein großes Interesse. Ich habe mich der Schule immer mehr entfremdet, nicht der Pädagogik, sondern vielmehr dem Lehralltag. Schließlich haben wir nur mehr eine Ehe auf dem Papier geführt. Es war für mich erschreckend zu sehen, wie zwei Menschen, die sich anfangs sicher geliebt haben, einander so fremd werden können.

Eine Scheidung strebte ich zuerst nicht an. Ich wollte nie, dass mein Kind in der Schule sagen muss: „Meine Eltern sind geschieden." Heute ist das ja die Regel und nicht mehr die Ausnahme. Wir hatten lange ein gutes Verhältnis zueinander. Unter der Woche lebte unser Sohn bei seiner Mutter, ich sah ihn immer samstags und sonntags.

Erst viel später wollte ich die Scheidung, meine Frau jedoch nicht. Die Broda'schen Gesetze haben mir das erst ermöglicht.

Die Sache hat mich sehr viel Geld gekostet. Aber darüber habe ich nie ein Wort verloren. Erika ist im Frühjahr 2007 gestorben.

Mein Sohn

Thomas ist 1958 geboren. Zu diesem Zeitpunkt war ich schon Fernsehdirektor und meine Ehe lag in Trümmern. Thomas hat viele Eigenschaften von mir geerbt. Er ist intelligent. Er ist wiff. Intelligent und wiff sind ja zwei verschiedene Eigenschaften. Er ist sehr lernfähig und er hat Humor. Er singt sogar vor jeder Gesellschaft Lieder. Letzteres unterscheidet mich von ihm, denn mein Humor hält sich in Grenzen und ich singe nie. Thomas ist auch grenzenlos sentimental und so wie ich jähzornig.

Trotz Zeitmangels ist in vielen Jahren der Zweisamkeit eine Herzlichkeit zwischen uns entstanden, die Grundlage für eine enge Beziehung war, die bis heute aufrecht ist. Die Zweisamkeit war allerdings auf das Wochenende beschränkt. Denn wenn ich am Abend nach Hause gekommen bin, schlief er bereits.

Rückblickend gesehen bin ich aber nicht unzufrieden mit dem Zeitpensum, das ich meinem Sohn widmen konnte. Ich würde sogar sagen, er hatte in Summe mehr Zuwendung, als wenn ich wie ein ganz normaler Ehemann jeden Tag rechtzeitig nach Hause gekommen wäre.

Heute nennt man das Quality Time, die wir miteinander verbringen konnten. Ich bin am Samstag nicht so wie andere Väter auf den Fußballplatz gegangen und habe mir irgendwelche Spiele angeschaut, sondern ich war ausschließlich mit Thomas zusammen. Das war auch zwischen Erika und mir immer ganz klar vereinbart. Die Wochenenden mit unserem Sohn gehörten mir. Und wenn man addiert, wie viel die Väter, die am Abend müde sind, mit ihren Kindern machen, und wie viel ich am Wochenende mit Thomas gemacht habe, dann geht die Rechnung zu meinen Gunsten aus.

In einem Aufsatz, den Thomas Zilk einmal über mich geschrieben hat, steht dieser berührende Satz: „Ich bin stolz auf meinen Vater, denn er ist immer sehr gut gekleidet, hat einen perfekten Haarschnitt und riecht immer sehr gut." Das ist eine der stärksten Erinnerungen aus seiner Kindheit: Dass der Vater gut gerochen hat.

Die Sonntage verbrachten wir immer im Prater. Thomas liebte Autodrome, später Go-Carts und die anschließenden Mittagessen im Schweizerhaus.

Einmal fuhren wir Hochschaubahn, und nach der Fahrt gab es eine Diskussion zwischen mir und dem Hochschaubahnbetreiber, der uns aufgefordert hatte auszusteigen. Wir wollten aber nicht aussteigen. Wir wollten noch einmal fahren.

Ich bestand darauf, im Waggon sitzen zu bleiben, worauf der Besitzer eine Weiche stellte und den Waggon mit mir und meinem Sohn auf ein Abstellgleis schob.

Das ist jetzt sicher schon mehr als 40 Jahre her, aber Thomas erinnert sich noch heute an meinen Wutausbruch. Ein Zilk lässt sich eben nicht einfach aufs Abstellgleis schieben.

Ich glaube nicht, dass mein Sohn unter meiner Popularität gelitten hat. In seiner Jugend war es natürlich schwer, denn Thomas war wie ich ein schlechter Schüler, er ist gerade einmal durchgekommen. Manche Professoren ließen ihn spüren, dass er der Sohn des Fernsehdirektors ist und haben ihr gesamtes gesellschaftliches Unbehagen auf Thomas projiziert. Andere wieder haben ihn deswegen bevorzugt behandelt. Er hat es aber sehr tapfer getragen.

Unsere Scheidung und mein Auszug aus der gemeinsamen Wohnung hat, wie er mir heute noch versichert, seine Beziehung zu mir nicht beeinflusst. Zu stark war unsere Bindung nach zehn Jahren Zusammensein an jedem Wochenende.

Gerd Bacher

Als der Koalitionspackelei-Rundfunk hunderttausende Menschen auf die Palme brachte und die Rundfunkreform kam, deren Vater bekanntlich Hugo Portisch gewesen ist, da stellte sich die Frage, wer denn der Generalintendant dieses neuen Rundfunks werden, wer dem ORF auch die nötige Unabhängigkeit sichern könnte.

Es folgten Wochen der Ungewissheit. Damals gab es einen gewissen Harry Windisch, Betriebsrat. Er lebt heute noch. Später war Windisch lange Jahre Hauptabteilungsleiter für Unterhaltung.

Harry Windisch und ich sind beisammen gesessen und beschlossen: „Jetzt ärgern wir die Leut'." Wir haben Namen erfunden. Dann gingen wir in den Betrieb und haben das herumerzählt. Wir konnten zuschauen, und das war die Hetz', wie die Namen zurückgekommen sind. Von überall kam dieses „Haben Sie schon gehört, haben Sie schon gehört?" Wir haben zur Verwirrung beigetragen, was uns mindestens vier-, fünfmal geglückt ist.

Daneben hat es aber auch Leute gegeben, die ernsthaft nachgedacht haben. Kurt Tozzer zum Beispiel, er war Fernsehkritiker bei der *Wochenpresse*. Wir waren alte Freunde. Kurt Tozzer und ich haben uns zusammengesetzt und so wie viele beraten, wer Generalintendant werden könnte. Im Restaurant Dubrovnik am Wiener Heumarkt haben wir lange debattiert und sind draufgekommen: Da gibt's einen, der kann das. Und zwar ist das Gerd Bacher. Um Gerd Bacher durchzusetzten, haben wir so manche Strategien entwickelt.

Heute gibt es mindestens zwanzig Erfinder des Gerd Bacher. Aber Kurt Tozzer lebt Gott sei Dank noch und so habe ich einen glaubhaften Zeugen dafür, dass wir die Ersten gewesen sind.

Bacher kam zu mir und sagte: „Ich mache es, aber nur wenn Sie" – wir waren natürlich damals noch per Sie – „Fernseh-direktor werden." Ich warf ein, dass ich doch Sozialdemokrat sei. „Das macht nichts", meinte Bacher, „denn ich weiß, dass Sie ein Mann sind, der sein Gewissen über die Parteidisziplin stellt."

Ich kann mich erinnern, dass er dann Bundeskanzler Klaus, der ihn bestellt hatte, erzählte, wen er als Fernsehdirektor wollte. Klaus hat ihm Folgendes geantwortet: „Herr Bacher, ich habe Sie nicht bestellt zu dem Zweck, dass Sie den einen Roten absetzen und den nächsten Roten zum Fernsehdirektor machen. Das kommt nicht in Frage." Und Bacher erwiderte: „Sie haben mich als unabhängigen Generalintendanten bestellt, ent-weder nehmen Sie diese Unabhängigkeit zur Kenntnis, jetzt in dieser ersten Stunde, für immer oder nie. Entweder Sie nehmen den Zilk zur Kenntnis oder ich lege jetzt gleich zurück." Am 9. März 1967 ist Bacher mit seinem Team angetreten.

Was uns beide, Gerd Bacher und mich, rasend gemacht hat, war die Unpünktlichkeit, die im ORF herrschte, ein zutiefst öster-reichischer Zustand, der sich sogar auf die Hauptabendnachrich-ten niederschlug. Die *Zeit im Bild* fing damals um 19.28 Uhr an. Oder auch eine Minute früher oder drei Minuten später.

Ich war fassungslos. Es muss ja alles im Leben seine Ordnung haben. Also verfügte ich an meinem ersten Tag als Fernsehdirektor, dass die *ZiB* um 19.30 Uhr anzufangen hatte. Keine Sekunde früher, keine Sekunde später.

Auch beim Arbeitsbeginn herrschte der Schlendrian. Manche kamen um 8 Uhr, manche um 9, manche um 10 in der Früh ins Büro. Ich stand zu jener Zeit immer sehr früh auf, weil ich wusste, dass ich das Vorbild war. Es hat erst funktioniert, als ich um zehn nach neun die Eingangstüren sperren habe lassen. Die Schlüssel ließ ich einsammeln, und so kam keiner nach 9.10 Uhr ungesehen herein.

Ich setzte auch durch, dass die Damen beim Publikumsdienst ordentliche Schuhe anzogen. Wie sieht denn das aus, wenn der erste Blick auf Saunaschlapfen fällt!

Gerd Bacher hatte viel übrig für adrettes Aussehen. Am liebsten wäre ihm eine ORF-Uniform gewesen. Bald traute sich keiner mehr ohne Krawatte vor die Kamera.

Eine Marotte von ihm war die Titelverachtung. Wenn er also einfach Herr Bacher war, konnte ich natürlich nicht Dr. Zilk sein. Mein Chauffeur konterte meine Bitte „Sagen'S doch nicht immer Herr Doktor zu mir!" elegant mit „Jawoll, Herr Direktor!"

Gleich bei Dienstantritt kam Gerd Bacher dahinter, dass im Betrieb hunderte Mitarbeiter in Kategorien geführt wurden, für die sie keinerlei Qualifikation hatten. Es gab zum Beispiel viele Stenotypistinnen, die nicht die leiseste Ahnung von Stenografie hatten. Bacher war eisern: „Die müssen alle weg!" Seine „Trutschen" sorgten für unrühmliche Schlagzeilen. Ich habe ihm geraten, das doch „zizerlweise" zu machen.

Die Gewerkschaft drohte mit Kampfmaßnahmen für den Fall, dass Bacher zweihundert Mitarbeiter entlassen sollte. Das sei ihm ganz egal, sagte Bacher. Wenn das Landesstudio Wien streike, dann werde er sich das Programm eben über das Studio Innsbruck hereinholen. Aber dafür hätte er die Post gebraucht, die ihm die Leitungen zur Verfügung stellen hätte müssen.

ÖGB-Chef Anton Benya verlangte ein Treffen mit uns. In der Hohenstaufengasse wurden wir höflich bewirtet. Der alte Fuchs erkundigte sich bei Bacher, wohin er auf Urlaub zu fahren gedenke, woraufhin Bacher mir zuzwinkerte: „Alles paletti!"

Nach einer Stunde Small Talk flüsterte Benyas Sekretär seinem Meister etwas ins Ohr. Aus war's mit paletti. Benya war an den eigentlichen Zweck des Treffens erinnert worden. „Was machen wir mit den Stenotypistinnen?" Bacher erklärte, das sei schon erledigt. Gekündigt.

Da sagte der oftmals unterschätzte Gewerkschaftspräsident: „Na, dann werden die Postler aber auch in den Streik treten!" Die Postler brauchte Bacher aber für die Übertragung. Also stand er auf und meinte kleinlaut: „Wenn Sie mich so erpressen, dann gehen wir." Nach und nach bauten wir die Sorgenkinder im ORF ab, zizerlweise.

In jener Zeit habe ich unter und mit Gerd Bacher gemeinsam das Fernsehen reformiert und auch selbst wieder weitergearbeitet. Wir haben zum Beispiel die wunderbare Sendung *In eigener Sache* entwickelt, das war, wenn man so will, die erste Ombudsmann-Sendung. Da wurde zum ersten Mal der kleine Mann mit den großen Mächtigen konfrontiert und konnte sich dank der Unterstützung der kleinformatigen Zeitungen auch durchsetzen.

Heute ist das alles gar kein Problem mehr. Heute ist es nichts Besonderes mehr, gegen die Mächtigen zu sein, im Gegenteil.

Heute gehört der Mut der Mächtigen dazu, sich runtermachen zu lassen. Damals aber brachten die Kleinen erstmals den Mut auf, den Mächtigen die Meinung zu sagen.

Dann ging alles Schlag auf Schlag. Wir haben ein neues Schema geschaffen, wir haben das Farbfernsehen eingeführt, wir haben die Kultur ins Hauptnachrichtenprogramm integriert und das zweite Programm als Vollprogramm ausgestattet. Nicht zuletzt die europaweit beachtete „Nachrichten-Explosion", die ohne Franz Kreuzer und Alfons Dalma, vor allem aber ohne Gerd Bacher, undenkbar gewesen wäre.

Kein Mensch weiß, wie schwer das damals gewesen ist. Das Budget des österreichischen Rundfunks war Anfang der 70er-Jahre gerade einmal so groß wie das Unterhaltungsbudget des ZDF. Das ZDF hat aber nur ein Programm gestaltet. Der Österreichische Rundfunk hingegen hatte drei Radioprogramme, eines davon regionalisiert auf neun Landesstudios, und zwei Fernsehvollprogramme.

Damals sind nach dem Vorbild von Ö3 die ganzen Popsender in Deutschland entstanden, allen voran Bayern3. Der einzige Popsender war RTL Luxemburg, den Frank Elstner gestaltete. Elstner hat Gerd Bacher übrigens für die ersten Wochen von Ö3 gewonnen.

Ich bin heute noch stolz auf den Österreichischen Rundfunk und das Fernsehen. Die heutigen Macher des Fernsehens machen ein Fernsehprogramm, das sich mit jedem anderen messen kann, weil es besser ist als die meisten anderen Programme, die heute auf uns hereinströmen.

Liaisonen und Liebe

Ich war, was Frauen betrifft, bei Gott kein Kostverächter. Ich glaube, ich hatte sogar einen ziemlich schlechten Ruf.

Manchmal denke ich, das hatte auch mit der Ruhelosigkeit der unmittelbaren Nachkriegszeit zu tun, einer Zeit, die total aus den Fugen geraten war. Damals ist dieses neue Österreich aus der Asche aufgestiegen, denn es gab ja nicht nur ein deutsches Wirtschaftswunder, sondern auch ein mindestens ebenso bedeutendes österreichisches Wirtschaftswunder. Und das hat uns damals alle mitgerissen. Das war keine normale Situation, sondern alles war ein bisschen aufgeheizt. Und in dieser Zeit hat man natürlich auch sehr schnell Freundschaft geschlossen. Ich habe eine ganze Reihe von Damen gekannt, alle nur für einen kürzeren Zeitraum. Im Alter verblasst das alles. Vergangenheit ist Vergangenheit.

Nur an eine Episode erinnere ich mich noch oft. Es muss Anfang der fünfziger Jahre gewesen sein, da hat mich Kurt Frischler angerufen, der damals Chefredakteur der *Abendzeitung* war. „Du, da ist eine liebe, fesche Maturantin. Die möchte gern Journalistin werden. Ich schick' sie dir hinüber!" Wenig später ging die Tür auf, da kam sie herein, die Barbara T. Leuchtend blaue Augen, schwarze Haare. Ich war sofort verloren und habe sie zum Essen ins Hotel Imperial eingeladen, das hat die Damen immer sehr beeindruckt. Na, und dann hat sich halt etwas entwickelt. Ich hab' was gehabt mit ihr, mein Gott, wer nicht!

Die Barbara T. hat später ein Buch geschrieben, in dem sie ihre ganzen Liebschaften aufgelistet hat. Ich hatte vor dem Erscheinen richtig Federn, aber mich hat sie aus irgendeinem Grund ausgelassen. Einmal war ich bei ihr, sie hatte eine kleine Wohnung beim Obkirchermarkt im 19. Bezirk. Am nächsten Tag hat mich Gerd Bacher zu sich gerufen. „Gib mir dein Ehrenwort! Hast du gestern um 20 Uhr mit der T. geschlafen?" Ich hab's sofort zugegeben, gelogen habe ich nie.

Woher er das wusste? Er war nachher dort, und sie hatte es ihm einfach erzählt.

Nach zwei Jahren wollte Barbara weg aus Wien. Ob ich ihr helfen könne, etwas im Ausland zu finden, hat sie mich gefragt. Sie ist dann zur *Bild Zeitung* nach Hamburg gegangen. Zurück in Wien hat sie bei der *Kronen Zeitung* angefangen.

Die allerschönste Frau, an die ich mich vor Dagmar erinnere, war aber die Gerlinde M. Sie war eine meiner Sekretärinnen im ORF, ich hatte die zwei schönsten Sekretärinnen Wiens, und die Herren Journalisten sind nicht wegen mir, sondern wegen diesen beiden Frauen gern zu mir gekommen. Gerlinde wurde zu Recht von der Wiener Männerwelt bewundert. Sehr gebildet, Französisch sprach sie fließend. Später hatte sie ein Verhältnis mit Friedensreich Hundertwasser, was ich nie verstanden habe.

Drei Jahre lang ist es trotz großer Sympathie nie zu einer Annäherung zwischen uns gekommen. Wir blieben sogar per Sie, in Zeiten der sogenannten One-Night-Stands vielleicht unverständlich. Im Jahr 1967, in der Nacht, in der die neue ORF-Führung bestellt wurde, kam es doch zu einer Liebesbeziehung. Sie dauerte zwei Jahre, aber sie war eine einzige Katastrophe. Gerlinde war krankhaft eifersüchtig. Diese Frau wollte mich sogar mit dem Auto abschießen… Das sind Geschichten, die man gern vergisst. Jeder denkende Mensch weiß, dass Beziehungen zwischen Chef und Sekretärin fast immer schlecht ausgehen, und trotzdem passiert es immer wieder. Gerlinde M. ist bald darauf nach Amerika gezogen und vor einigen Jahren gestorben.

Als ich dann viel später meine Frau Dagmar Koller lieben gelernt habe, wusste ich: Das ist eigentlich die letzte Chance, noch einmal ein ordentliches Leben zu führen. Jede Versuchung, die an mich herangetreten wäre, ein tiefer Blick in andere Augen, wäre sofort überschattet gewesen von der Erkenntnis, dass diese Dagmar Koller eine Frau mit einem unglaublichen weiblichen Instinkt ist. Sie hat mir immer in die Augen geschaut und mich im selben Moment auch sofort durchschaut. Ich habe gewusst, wenn mir das widerfährt, dann sagt sie am nächsten Tag „danke", geht und dann ist es unwiderruflich aus und vorbei. Bei uns hätte es nicht mehr diese dummdreisten Boulevardgeschichten mit Auseinandergehen und Versöhnung und retour gegeben. Und dieses Risiko war mir zu groß.

Ich und der Alkohol

Es gab Zeiten, da habe ich nach dem Aufstehen schon einen Cognac getrunken. Ich habe den „Drive" gebraucht, und so trank ich meinen Frühstückstee mit Cognac. Eigentlich war es eher Cognac mit Tee. Das hat mich munter gemacht und ich habe mich gut gefühlt.

Einmal wollte Gerd Bacher unbedingt meinen „Tee" kosten. Er hat ihn im weiten Bogen ausgespuckt. Er ist so erschrocken, als hätte er eine Maus geschluckt.

Ich zog zu jener Zeit fast jede Nacht herum und habe gelumpt, meistens bis ein, zwei Uhr in der Früh. Der Nachtklubkaiser hieß damals noch Kennessy, und in seiner Eden Bar tauchte regelmäßig ein gewisser Herr Moser, Herausgeber der *Tiroler Tageszeitung,* auf. Der war jede Woche zwei, drei Tage in Wien und hat mich eingeladen. Wir haben immer Wodka-Gin Tonic getrunken.

Mit den zunehmenden Ostkontakten hab ich mich von Cognac immer mehr auf Wodka umgestellt. Ich mochte vor allem Bison-Wodka, das ist der mit dem Grashalm. In frühen Jahren war ich auch ein Raucher. Allerdings nur bis zum ersten Jänner 1967, dem Jahr der Rundfunkreform, habe ich geraucht. Mein Sohn war neun Jahre alt und hat mich mit seinem Geruchssinn regelrecht überwacht. Im Laufe der Jahre war es Zeit, mit den harten Sachen aufzuhören.

Ich wurde also nie zum Alkoholiker. Ich habe mein ganzes Leben gern ein Glas Wein getrunken, oder auch zwei oder drei.

Aber ich habe immer gewusst, wann ich aufhören muss. Ich habe immer gewusst, wenn ich getrunken habe, darf ich nicht Auto fahren. Wenn ich getrunken habe, darf ich mich nicht in einen Streit oder in einen Hader einlassen. Ich war nie wirklich betrunken. Und selbst wenn ich einmal nach einem Glas Wein etwas heftig debattiert habe, habe ich immer gewusst, was ich sage oder tue. Das ist die Verantwortung, die man hat.

Ich bin ein Wiener und deshalb trinke ich Wein. Wenn ich bei meinem Wirt Gustl Bauer am Abend eine Kleinigkeit aß und dazu einen G'spritzen trank, wurde ich manchmal gefragt, ob das klug sei, dass ich als Bürgermeister in der Öffentlichkeit Wein trinke. „Das wäre eine Katastrophe", habe ich gesagt, „wenn der Bürgermeister von Wien, der einzigen Millionenstadt der Welt, in der es Weinbau gibt, grundsätzlich keinen Wein trinken würde." Es kommt darauf an, wo, wann und wie viel man trinkt.

Aber natürlich habe ich viele Jahre lang nicht gesund gelebt. Zur Räson hat mich erst viel später eine Krankheit gebracht, die ich beinahe übergangen hätte. Es war 1976, während meiner ersten Ombudsmann-Zeit bei der *Krone*, als plötzlich unerträgliche Bauchschmerzen einsetzten. Ich hatte solche Schmerzen, dass ich es nicht mehr aushielt. Mein Fahrer sollte mich nach Hause bringen. Auf der Fahrt vom Pressehaus in die Stadt hinein musste er wegen einer Umleitung durch die Spitalgasse fahren. Da hatte ich einen solchen Schmerzanfall, dass ich ihn bat, gleich durch das Tor des AKH hineinzufahren. Auf der Zweiten Chirurgischen Abteilung wurde ich untersucht. Gott sei Dank, muss ich rückblickend sagen. Der Oberarzt ließ mich sofort auf die Intensivstation bringen, denn ich stand kurz vor einem Darmdurchbruch. Die Ärzte schnitten mir dann ein gewaltiges Stück Dickdarm heraus.

Naiv wie ich war, hätte ich mir zu Hause einen Thermophor auf den Bauch gelegt. Das, meinte der Arzt, wäre das Ende gewesen.

Damals erlebte ich das erste Mal bewusst die Intensivstation. Heute bin ich schon ein Fachmann auf dem Gebiet, ich fühle mich auf Intensivstationen schon fast wie zu Hause.

Bereits da hatte ich ungeheuer wirre Träume, ich träumte von Breughels fliegenden Schinken, von Fressorgien, von satten Saufgelagen, alle Sünden meines damaligen Lebenswandels wurden mir im Traum bewusst. Als ich erwachte, begann das Warten auf das histologische Gutachten: Das dauerte zwei Tage, in denen ich Todesängste ausstand. In diesen zwei Tagen habe ich mir vorgenommen, nie mehr Alkohol zu trinken und nie mehr Fleisch zu essen. Ganz gelungen ist mir das nicht, aber es war ein Anfang.

Niederlage

Bekanntlich frisst die Revolution letzten Endes ihre Kinder. Wir machten damals aus dem Rundfunk des Aufsagens einen wirklich unabhängigen Rundfunk. Wir machten Schluss mit den sogenannten „russischen Interviews", wo ein Minister dem Herrn Redakteur einen Zettel geben ließ, auf dem die Fragen standen, die man ihm stellen durfte. Vorbereitete Interviews durfte es nicht mehr geben.

Wir holten neue Redakteure. Einer dieser Neuen hieß Gerhard Weis. Er hat sich zum schärfsten Interviewer des ORF entwickelt. Obwohl er selbst lange den Konservativen angehörte, hat er den damaligen Landeshauptmannstellvertreter Müllner in Niederösterreich gekillt und in Wahrheit auch Bundeskanzler Klaus weidwund gefragt.

Bruno Kreisky wurde im Grunde genommen durch den freien Rundfunk, durch das freie Fernsehen groß. Und Klaus und die alte Regierung mussten letzten Endes gehen.

Als Kreisky kam, der den freien Rundfunk vorher benützt hatte, war ihm diese Freiheit genauso lästig wie vor ihm Kanzler Klaus.

Und dann kam die Auseinandersetzung, an der wir beteiligt waren. Wir haben den Krieg geführt, den uns Kreisky aufgezwungen hat, und eines Tages war es aus.

Ich habe damals gesagt: „Ich bin ein Mann Gerd Bachers, ich gehe mit Gerd Bacher. Er hat mich geholt. Er muss gehen, dann gehe ich auch, obwohl ich keine silbernen Löffel gestohlen habe." Es war eine sehr wichtige Handlung. Ich hätte mir's mit der SPÖ richten können. Ich habe es mir nicht gerichtet.

Später hat mir das die Anerkennung von Anton Benya und des damaligen SPÖ-Zentralsekretärs Fritz Marsch gebracht. Selbst Bruno Kreisky hat sich von meinem erzwungenen Ausscheiden distanziert, indem er mich aufgefordert hat, mich bei der nächsten Wahl zum Generalintendanten zu bewerben. Diese Anerkennungen haben mir viel mehr bedeutet, als wenn ich geblieben wäre.

Ich bin dann auch gern gegangen, ich war nicht eine Minute böse auf den Rundfunk, schon gar nicht auf die Nachfolger. Vom Sommer an habe ich alles vorbereitet für den Abgang im Herbst. Ich verhängte Urlaubssperre für die Programmchefs, damit sich unsere Nachfolger in ein Nest mit fertigem Programm für mehrere Monate setzen konnten. Sie sollten Zeit haben, ihre eigene Reform durchzuführen.

Es war der erste Absturz meines Lebens. Er war deshalb nicht so schmerzhaft, weil mir Hans Dichand in der Sekunde das Angebot gemacht hat, zur *Kronen Zeitung* zu kommen.

Die Frau im rosa Cadillac

Wenn immer ich in den sechziger Jahren den Fernseher aufgedreht habe, hat eine Frau namens Dagmar Koller aus dem Kastl gespielt. Sie war damals schon ein Star, heute würde man sagen, sie war unter den Top 3 Deutschlands. Aber sie hat auch viel zu viel Schmarren gemacht und dadurch viel von ihrer künstlerischen Potenz verkauft.

Als Programmdirektor des Fernsehens war sie mir natürlich ein Begriff. Ich habe die Tratschgeschichten über sie gelesen, ich habe ihre Karriere verfolgt, ich habe diese Frau insgeheim sehr bewundert.

Eines Tages brachte die *Hör zu*, die damals 2,5 Millionen Leser hatte, eine Titelstory über sie. Da konnte man lesen, dass sie jemanden kennen gelernt habe, für den sie ihre ganze Karriere hinschmeißen wolle, weil es die große Liebe sei. „Dagmar Koller – Hochzeit in Wien?" Und weiter: „Sie tanzte nur drei Sommer lang. Für einen Ehering will Dagmar Koller ihre Bühnenkarriere aufgeben." Ich habe diesen Artikel zwei Mal gelesen und mir gedacht, den Mann möchte ich kennen! Das sonderbare an jenem Artikel war: Über den Glücklichen ist nichts dringestanden, es war eine einzige Spekulation.

Am 19. Dezember 1970 waren wir beide zufällig zur Einweihung eines Fotostudios des *Kurier*-Fotografen Kristian Bissuti eingeladen. Dagmar Koller war zu jener Zeit zu Proben für die deutschsprachige Erstaufführung des Musicals *Sorbas* in Wien und sollte gemeinsam mit Dunja Rajter eine Torte anschneiden.

Wir kamen beide zu spät und trafen vor dem Fotostudio zusammen. Ich sah sie mir an, sie war extravagant angezogen, für meinen Geschmack um einen Zahn zu sehr. Hohe weiße Schaftstiefel, das habe ich mir gemerkt. „No, Gnädigste, Sie schauen aber lustig aus!", meinte ich galant. Sie fand das gar nicht witzig. Ich wollte sie ein bisschen provozieren und sagte: „Schönste, ich habe diese Geschichte gelesen. Eine blödere Reklame hätten Sie nicht mehr haben können als eine Hochzeit mit Ihrem Allerliebsten auf Kosten der Karriere."

Sie war schon recht verärgert, meine Rechnung war aufgegangen, und meinte keck: „Hören'S einmal zu. Ich weiß, dass Sie der Fernsehdirektor sind, aber, und das wird mir jetzt sehr schaden, das geht Sie wirklich einen Schmarren an!" Dabei rollte sie ihre grünen Augen und drehte sich von mir weg.

Das hat mir gefallen. Ein paar Tage später war ich wieder zu einer Feier eingeladen und sie war wieder da. Dort habe ich mich in sie verschaut.

Zu einer Dame, die ich sehr verehrt habe, nämlich der damaligen Kulturstadträtin und späteren Vizebürgermeisterin Gertrude Fröhlich-Sandner, sagte ich laut und deutlich einen folgenträchtigen Satz: „Wenn ich jemals noch einmal heiraten sollte, dann käme nur eine Frau in Frage und das wäre die Koller."

Gertrude hat uns dann verkuppelt, indem sie uns beide zu einer Party bei sich zuhause einlud. Als wir kamen, waren keine Gäste da. Nur wir zwei. Und die Fröhlichs.

Dagmar hat mir später erzählt, dass sie so gut wie alle vor mir gewarnt hätten. Der Zilk hätte keinen guten Ruf, sei als Frauenheld bekannt. Aber genau das habe sie gereizt.

Es gab ja viele Männer, die damals hinter ihr hergewieselt sind, unter anderem ein späterer guter Freund, Karl Schranz. Aber auch John D. Gray, ein stinkreicher Amerikaner, hat um sie geworben, und ihr erster Jugendfreund Hans Frank. Ich hatte also ganz schön Konkurrenz.

Unsere Beziehung hat untypisch begonnen, nämlich nicht mit Sex, sondern mit Freundschaft. Es war schon Erotik im Spiel, aber noch viel mehr menschliche Wärme und große Sympathie.

Ich habe Dagmar oft zu den Drei Husaren eingeladen, dort hatten wir ein Eckerl nur für uns. Wir sind viereinhalb Monate lang nur essen gegangen. Wir haben Händchen gehalten und vielleicht den einen oder anderen Kuss ausgetauscht. Aber mehr war da nicht.

Einmal, nach einem Dinner bei den Drei Husaren, hat sie mich ein Stück in ihrem Auto mitgenommen. Was heißt „Auto": Die Frau fuhr einen rosa Cadillac! Den hatte sie aus Amerika mitgebracht. Sie war schon ein verrücktes Huhn.

Als wir beim Graben ankamen – damals ist man so ein Stück noch mit dem Auto gefahren, es gab ja noch keine Fußgängerzone – hat sie eine Bemerkung gemacht, dass sie noch mit raufkommen würde oder so.

Meine Wohnung am Graben war in einem katastrophalen Zustand. Die Vormieter hatten zwanzig Jahre lang nichts gemacht, da hingen die Drähte runter, alles war sehr abgewohnt. Aber ich hatte schöne alte Möbel. Und ein großes, breites Bett.

Unsere erste gemeinsame Nacht endete um vier Uhr früh, da schreckte sie hoch und meinte: „Ich muss nach Hause, zu meiner Mutter! Ich muss morgen spielen! Bestell' mir sofort ein Taxi!"

Ich habe gesagt: „Kommt überhaupt nicht in Frage!" Ich bin aufgestanden, habe mich angezogen und sie nach Grinzing gebracht.

Diese Geste hat einen unauslöschlichen Eindruck bei ihr hinterlassen. Ich sei der einzige Mann gewesen, schwärmt sie heute noch, der sich nicht umgedreht und weitergeschlafen, sondern sie nach Hause begleitet habe.

Krone-*Ombudsmann*

Hans Dichand hat mir in der Stunde Null, am Tag, an dem Gerd Bacher den ORF verlassen musste, ein Angebot gemacht. Ich wäre sonst womöglich Frührentner mit 47 Jahren gewesen. Ich hätte zwar von der ORF-Pension leben können, aber was hätte ich mit meiner Energie gemacht? „Kommen Sie morgen zu mir, fangen'S bei der *Krone* an", meinte Hans Dichand in dem Moment, in dem ich beim ORF die Tür ausgehängt habe.

Und so wechselte ich vom mächtigsten Medienunternehmen des Landes zum zweitmächtigsten, was so manchem Genossen ein Dorn im Auge war. Die *Krone* und Hans Dichand waren das Urbild des Kapitalismus, während die *Arbeiterzeitung*, die es damals ja noch gab, sich mit Krediten über Wasser halten musste. Und ausgerechnet bei so einem Blatt wurde ich Österreichs erster „Ombudsmann". Innerhalb von 24 Stunden hatte ich ein neues berufliches Zuhause und baute von der Muthgasse aus den anwaltschaftlichen Journalismus auf.

Als Erscheinungstag für meine Kolumne wählte Hans Dichand den Mittwoch. An dem Tag schwächelte seinerzeit die Auflage der *Kronen Zeitung* ein bisschen. Schon nach kurzer Zeit teilte er mir freudestrahlend mit, dass sich die Mittwochauflage durch den Ombudsmann erholt hatte. Das gab mir großen Auftrieb.

Ich bin Hannes Dichand – seine Freunde sagen Hannes zu ihm – bis heute verbunden. Er ist ein Mensch, der Wort hält. Er ist verlässlich im Guten wie auch im Bösen. Wer ihn einmal verlässt, der kann nie mehr zu ihm zurück, und wenn er auf allen Vieren käme und alle Protektion der Welt hätte.

Was mich immer sehr beeindruckt hat, ist seine absolute Bescheidenheit. Er steht immer im Hintergrund und zieht von dort aus die Fäden.

Auch wie er Österreichs auflagenstärkste Tageszeitung bis heute führt, imponiert mir. Es gab damals ja keine regelmäßigen Redaktionskonferenzen bei der *Krone*. Alles wurde zwischen Tür und Angel entschieden.

Ich war bis 1978 Ombudsmann. Dann kam eine neue Chance, die ich mit dem Wissen von heute nicht wahrnehmen hätte sollen: Die Chance, ORF-Generalintendant zu werden.

Zu diesem Zeitpunkt war ich schon acht Jahre mit Dagmar liiert, und die SPÖ hatte mich für diesen Posten nominiert. Doch es wurde ein Match gegen Gerd Bacher, der sich ebenfalls beworben hatte, um seine Pensionsansprüche zu wahren.

Das ORF-Kuratorium stimmte zunächst über den Erstgereihten, Bacher, ab. Völlig überraschend erreichte er eine Mehrheit, sodass über die beiden anderen Kandidaten, Oberhammer und Zilk, gar nicht mehr abgestimmt wurde. Das war, wenn man so will, die zweite Niederlage meines Lebens.

Rückblickend gesehen war es ein Fehler, mich gegen Bacher zu bewerben, weil es in Wahrheit keinen in der SPÖ gekümmert hat, ob das mit Zilk funktioniert oder nicht. Ich erinnere mich an eine treffende Schlagzeile in der *Kleinen Zeitung*: „Blecha in Peking, Kreisky in Paris, Bacher im ORF".

Das war's. Ich war frei für neue Aufgaben.

Es ist tröstlich, dass ich erst Jahre später die näheren Umstände dieser Wahl erfahren habe. Im Januar 1979 rief mich

„Poldi" Gratz, der geliebte Bürgermeister von Wien, mittlerweile mein Trauzeuge, an: „Komm' zu mir, ich muss mit dir reden." Ich fuhr um zehn Uhr in der Nacht ins Rathaus und er sagte: „Setz dich her, ich hab eine Frage an dich. Willst du Kulturstadtrat werden?" Ich weiß heute noch, was ich antwortete: „Ich weiß", habe ich gesagt, „es gehört sich, dass ich sag', ich bin überrascht und ich möchte Bedenkzeit. Ich bin überrascht, aber ich will keine Bedenkzeit. Es ist wunderbar. Ich möchte es machen."

Stadtrat und Minister

Und so wurde ich sozusagen innerhalb weniger Minuten Kulturstadtrat von Wien. Ich habe das wahnsinnig gern gemacht. Es waren sehr reiche Jahre, die unter einem Motto standen: Kultur muss bunt sein wie der Regenbogen, Kultur muss von progressiv bis konservativ alles umfassen und fördern.

So habe ich versucht, im Sinne des Mao Tse Tung alle Blumen blühen zu lassen, einem freien Geist zu huldigen, viele neue Formen des Kulturlebens einzuführen.

Als ich Kulturstadtrat wurde, war der Rathausplatz beispielsweise ein Parkplatz. Heute ist er das ganze Jahr rund um die Uhr belebt. Die Innenstadt war teilweise trist, heute ist sie ein internationales Juwel. In den Jahren 1979 bis 1983 ist so viel weitergegangen, dass ich mich an die Details gar nicht mehr erinnern kann.

Wir machten zu jener Zeit auch die Musicalstadt Wien zu einem international beachteten Ort. Ich habe dafür als Nachfolger von Rolf Kutschera Peter Weck geholt. Seine erste Premiere war *Cats*. Ich weiß noch genau, wie aufgeregt ich war. So aufgeregt, dass ich mich gar nicht getraut habe, hinzugehen. Ich habe verzagt bei meinem Wirt Gustl Bauer gewartet. In der Pause wurde ich angerufen: „Du kannst kommen, es ist großartig, die Leute klatschen wie verrückt!"

Ich beabsichtigte, die Kultur in die Bezirke zu bringen, weshalb wir dort hunderte Veranstaltungen machten. Wir holten aber auch Kultur aus den Bundesländern nach Wien. Das jähr-

1 Der junge Zilk
Stets mit melancholischem Blick: „Ich war immer ein Dunkelmensch."

2,3,4,5 Die Eltern
Franz und Stefanie Zilk.
Der kleine Dackel war ein
Geschenk der Liebe.

Rechts das einzige Foto des
Kleinkindes Helmut Zilk. Seine
ersten Jahre verbrachte er in
der polnischen Stadt Łódź.

Unten: Helmut Zilk mit seinem
Vater und seiner Mutter.

6 **Hilfslehrer** *Jungpädagoge Zilk (hinten links) mit seiner ersten Schulklasse.*

7 **Stolzer Vater** *Mit seinem kleinen Sohn Thomas liest Helmut Zilk die „Presse".*

8, 9 **Doktor Phil.** *1951 promoviert Helmut Zilk zum Doktor der Philosophie.*

Helmut M. Zilk

erlaubt sich, seine am Freitag, den 21. Dezember 1951, um 12 Uhr
im großen Festsaal der Universität Wien stattfindende

Promotion
zum Doktor der Philosophie

anzuzeigen

Wien 8, Langegasse 16/6   Wien 12, Malfattigasse 13/2/12

10, 11 TV-Star
Mit den legendären „Stadt-
gesprächen" (oben) schaffte
Helmut Zilk den Durchbruch
beim Fernsehen.

Links mit Franz Kreuzer.

12 Goldene Kamera
Für das „Auslandsecho" bekommt Zilk den höchsten deutschen Fernsehpreis.

13, 14, 15, 16 **Gastgeber** *Helmut Zilk mit dem jungen Franz-Josef Strauß (links).*

Rechts oben: Mit Ernst Wolfram Marboe und dem damaligen Fernseh-Musikchef Dr Scheib.

Unten: Hugo Portisch und Marcel Prawy stoßen auf seine Erfolge an.

Rechts unten: Ein Schweizerhaus-Besuch im Wiener Prater, gemeinsam mit Paul Hörbiger, Hans Holt und Fritz Eckhard (von links nach rechts).

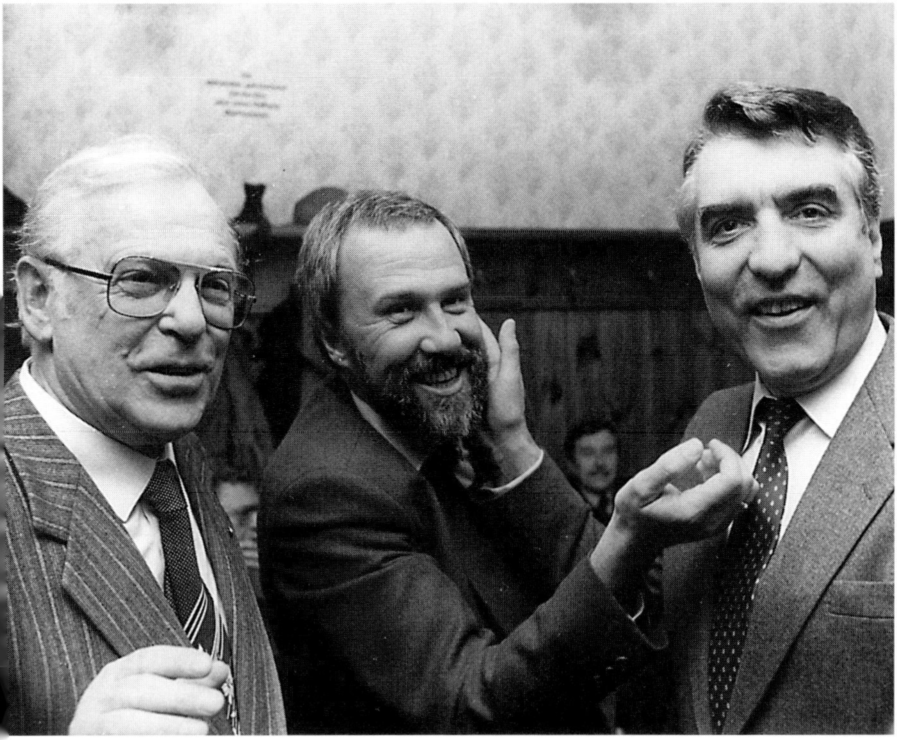

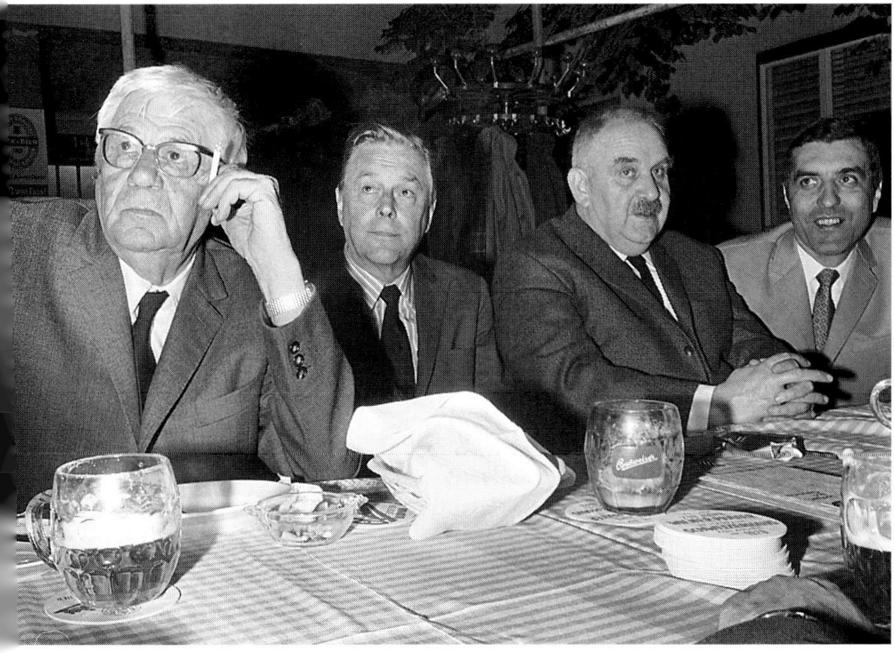

17, 18 **Erfolgsduo** *Gerd Bacher und sein Fernsehdirektor.*
Angefangen hat Helmut Zilk beim ORF als freier Mitarbeiter.

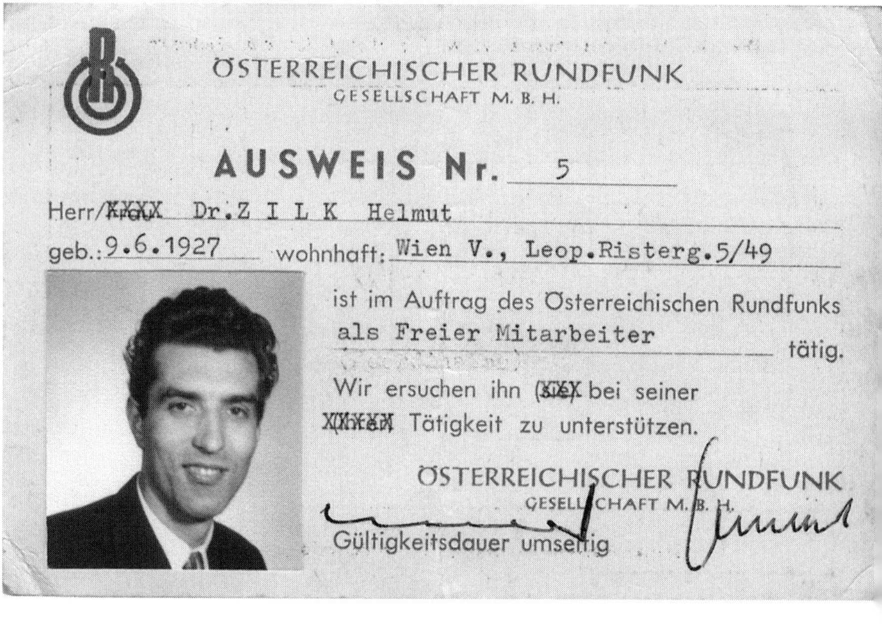

ÖSTERREICHISCHER RUNDFUNK
GESELLSCHAFT M. B. H.

AUSWEIS Nr. 5

Herr/~~Frau~~ Dr.Z I L K Helmut

geb.:9.6.1927 wohnhaft: Wien V., Leop.Risterg.5/49

ist im Auftrag des Österreichischen Rundfunks
als Freier Mitarbeiter _____ tätig.

Wir ersuchen ihn (~~sie~~) bei seiner
~~ihrer~~ Tätigkeit zu unterstützen.

ÖSTERREICHISCHER RUNDFUNK
GESELLSCHAFT M. B. H.

Gültigkeitsdauer umseitig

19 Große Liebe
1970 lernt Helmut Zilk den Musical-Star Dagmar Koller kennen.

20, 21 Wir heiraten *1978 geben Dagmar und Helmut einander auf dem Standesamt Schlesingerplatz das Ja-Wort. Die Trauzeugen: Leopold Gratz und Ferry Dusika (oben). Den Segen des Vaters (unten) haben sie.*

22, 23 **Schillerndes Paar** *Ein Küsschen in Ehren.*
Beim Heurigen traf das jungvermählte Paar den damaligen Bundeskanzler
Bruno Kreisky.

24, 25 **Ich gelobe** *Am 10. September 1984 wird Helmut Zilk*
Bürgermeister von Wien.
Legendär der Besuch des englischen Tronfolgers Prinz Charles und Lady Diana
in Wien (unten, mit Rudolf Kirchschläger).

26, 27 Volksnah
Helmut Zilk ist ein Bürgermeister für alle Wiener.
Er genießt das Bad in der Menge.

28, 29 **Backstage** *Helmut Zilk besucht Dagmar Koller und Startenor Luciano Pavarotti in der Garderobe. Unten: Mit Peter Weck, den er aus Zürich holte.*

30, 31 **Freier Geist** *Mit Claus Peymann, den Zilk zum Burgtheater-Chef machte. Unten: Der Bürgermeister mit Schauspieler Marcello Mastroianni und Popsänger Falco.*

32 **Kunstfreund** *Bildhauer Alfred Hrdlicka baute unter Zilks Ägide ein Mahnmal gegen Krieg und Faschismus.*

33, 34 **Alte Bekannte** *Das Ehepaar Zilk und Koller und der tschechische Staatspräsident Václav Havel beim Wien-Ball in Prag. Im Hintergrund der heutige Außenminister Tschechiens, Karl Schwarzenberg. Unten: Teddy Kollek und seine Frau kehren heim nach Wien.*

35, 36 **Hassliebe** *Bruno Kreisky, Helmut Zilk: Das Verhältnis war sehr wechsel-haft. Mit Franz Olah (unten) verbindet Zilk bis heute eine tiefe Zuneigung.*

37, 38 Vermittler *In Zilks Opernball-Loge kommt es zur ersten privaten Begegnung zwischen dem russischen und dem amerikanischen Botschafter. Thomas Klestil und Helmut Zilk (unten) waren bis zuletzt befreundet.*

39, 40 **Lebensmensch** *Kardinal Franz König bot Helmut Zilk*
das Du-Wort an.
Unten: Der Wiener Bürgermeister mit Papst Johannes Paul II.

41 **First Lady**
Der Wiener Bürgermeister mit seiner strahlenden Ehefrau im Fiaker.

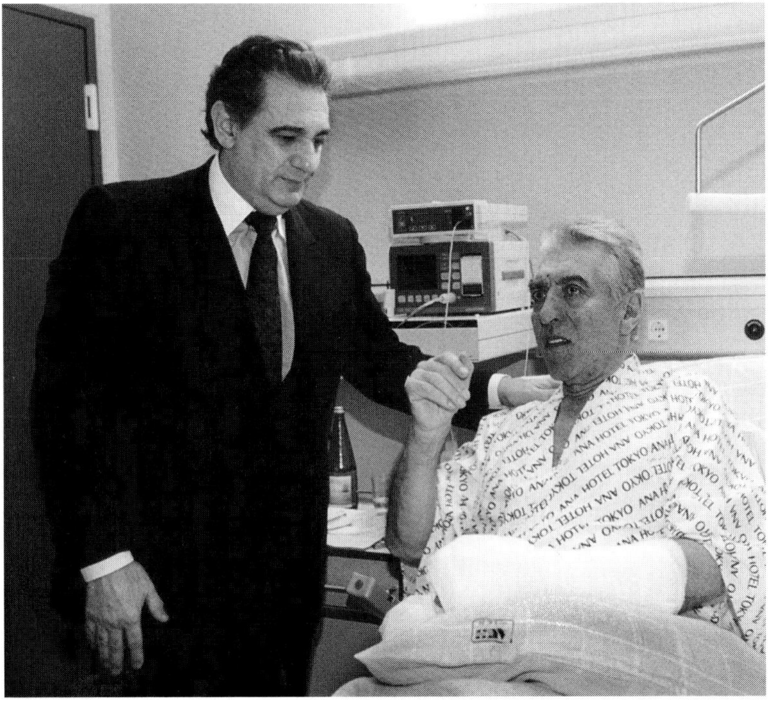

42, 43 **Die Bombe** *Placido Domingo ist einer der ersten Besucher nach dem Bombenattentat auf Helmut Zilk 1993.*
Unten: Die erste Pressekonferenz im Wiener AKH.

44 Wiedergeboren
*Mit Dagmar auf dem Wiener Opernball. Helmut Zilks linke Hand
ist dick verbunden.*

45 Abschied
Der Wiener Bürgermeister übergibt an seinen Nachfolger Michael Häupl.

46, 47 **Wegbegleiter** *Helmut Zilk mit Freund und „Krone"-Herausgeber Hans Dichand (oben). Unten: Mit seinem „zweiten Ich", Vizebürgermeister Hans Mayr.*

48 **Portugal** *An seinem Swimmingpool im Haus an der Algarve liest Helmut Zilk den „Kurier".*

49, 50 **Zeit für Zärtlichkeit** *Helmut nennt Dagmar „Mutzi".*
„Das mögen manche kitschig finden, aber für uns ist es die pure Zärtlichkeit."

51 **Aktiv** *Helmut Zilk mit den Generaldirektoren Günter Geyer (Wiener Städtische, rechts) und Andreas Treichl (Erste Bank).*

52 **Überlebenskünstler** *Mit dem legendären Opernführer Marcel Prawy.*

53 **Lebenskünstler** *Der Fernseh-Gastgeber mit Niki Lauda.*

54 **Souverän** *Der Talkmaster mit Ex-Minister Karl-Heinz Grasser.*

55 **Zusammengewachsen** *Seit 37 Jahren schreibt Helmut Zilk*
seiner Dagmar Liebesbriefe: „Sie ist ein Teil von mir. Sie ist meine Lebensretterin,
der einzige noch verbleibende Inhalt meines Lebens."

liche Blasmusikfest, das größte Österreichs, habe ich in die Bundeshauptstadt gebracht.

Später habe ich Helmuth Lohner für die Josefstadt und Claudio Abbado als Generalmusikdirektor durchgesetzt. Ich habe Claus Helmut Drese an die Wiener Staatsoper gebunden und Claus Peymann aus Bochum geholt. Letzteres war wirklich sehr umstritten und doch bekenne ich mich dazu. Ich bin stolz drauf, auch wenn sich viele Leute ärgern, wenn ich das sage: Peymann hat das Burgtheater zum Missfallen sehr vieler geführt, aber er hat es – da können seine Gegner noch so toben – wieder zu einem der ersten Häuser Europas gemacht.

Steinerner Zeuge meines Schaffens ist auch das Hrdlicka-Denkmal am Albertinaplatz. Das Mahnmal gegen Krieg und Faschismus hat wie kein anderes die Gemüter erhitzt. Diese Figurengruppe habe ich wohl gegen jeden Widerstand, auch gegen den der *Kronen Zeitung*, durchgesetzt. Hrdlicka hat mir eine Miniatur des Straßen waschenden Juden in Bronze geschenkt. Sie steht heute in unserer Wohnung neben dem Faxgerät und erinnert mich an die Zeiten als Stadtrat.

Wer Neues versucht – das lernte ich damals –, muss Widerspruch hervorrufen, das gehört einfach dazu.

Als 1983 die Koalition wechselte und Fred Sinowatz nach Bruno Kreiskys Rücktritt Kanzler wurde, fragte er mich, ob ich sein Nachfolger werden möchte. Ich habe spontan gesagt: „Ja, es ist eigentlich das Schönste, was sich ein ehemaliger Hilfslehrer vorstellen kann!"

Widerspruch habe ich auch als Minister hervorgerufen. Ich erinnere mich an die Reform der Schulbuchaktion, die viele Jahre ein Stein des Anstoßes gewesen ist. Wir stellten auch den

Informatikunterricht, heute eine Selbstverständlichkeit, innerhalb von einem Jahr auf die Beine. Und schließlich wurden die Lehrpläne der Hauptschulen und der Unterstufen der allgemeinbildenden höheren Schulen in diesem einen Jahr beschlossen und neu gestaltet.

Eigentlich unfassbar, dass aus einem lausigen Schüler ein gar nicht so erfolgloser Unterrichtsminister geworden ist.

Bruno Kreisky

Kreisky war ein Machiavellist, ein Machtmensch. Das ändert nichts daran, dass er für mich der größte Politiker war und einer jener drei Menschen, die mich am nachhaltigsten geprägt haben. Das waren wie gesagt mein Vater, Kardinal König und eben er, Bruno Kreisky.

In den beginnenden sechziger Jahren lud er mich mehrfach zu Gesprächen ein, und ich begleitete ihn auch zu verschiedenen Einladungen. Ich dürfte für ihn so etwas wie ein jugendlicher Gesprächsfreund gewesen sein – Kreisky war sechzehn Jahre älter als ich. Ich bin stolz darauf, in den positiven Perioden mit Karl Blecha, den jugendlichen Fellners, aber auch gelegentlich mit dem leider schon verstorbenen Kulturpublizisten Jörg Mauthe erfolgreiche Wahlkampfarbeit für Bruno Kreisky geleistet zu haben.

Ein erster Bruch zwischen uns ist in jenem Moment passiert, in dem Gerd Bacher mich zum Fernsehdirektor bestellt hat. Das war nicht Kreiskys Idee, also war es eine schlechte Idee. Das hat er Gerd Bacher nicht verziehen und mir auch nicht.

Im Café Landtmann brummte er mich an, das werde mir kein Glück bringen. „Ihr bereichert's euch an den kleinen Leuten, die Gebühren zahlen müssen!" Das war eine böse Unterstellung, denn mein Gehalt hat sich von dem meines Vorgängers kaum unterschieden.

„Der Herr Bacher geniert sich nicht, sich in seinem Büro ein Badezimmer einbauen zu lassen. Das ist Missbrauch von öffentlichen Geldern!", wetterte er. Tatsache war, dass dieses Badezimmer der Erbauer des Funkhauses, der berühmte Professor Holzmeister, bereits in den dreißiger Jahren installiert hatte. Es war freilich nie benutzt worden. Gerd Bacher hatte sich lediglich die billigste Version einer Brause aufstellen lassen, um sich nach zwanzig Stunden Arbeit am Abend frisch machen zu können. Aber das ließ Bruno Kreisky nicht gelten.

Damals brach aus ihm so richtig der Neid heraus. Das war die zweite Seite seiner Persönlichkeit. Dabei wurde ihm ja selbst vorgeworfen, an einer schwedischen Konservenfabrik beteiligt gewesen zu sein, das Haus in der Armbrustergasse zu billig erworben zu haben, und selbst Mallorca, dieses bessere Schrebergartenhäusl, gönnte man ihm nicht. Der Ursprung der österreichischen Neidgesellschaft war jedoch Kreisky selbst.

Unser Verhältnis kühlte immer mehr ab. Gierig hat Bruno Kreisky allem gelauscht, was es Negatives über mich zu hören gab.

Dagmar sagt, uns habe eine Art Hassliebe verbunden. Gemeinsam trafen wir Kreisky manchmal bei verschiedenen Anlässen, auch beim Heurigen. Er war sehr elegant, aber genauso eitel. Er liebte es, bewundert zu werden, und Dagmar hat ihn bewundert.

Einmal besuchten wir ihn und seine Frau auf Mallorca. Wir waren von der Bescheidenheit des Paares beeindruckt, denn die angebliche Luxusvilla war in Wahrheit ein Schrebergartenhäuschen mit einem Stock drauf.

Vera Kreisky mochte Wodka ebenso gern wie wir. Als wir zum Essen ausgingen, hat sie den VW Käfer gelenkt, und er saß daneben und keppelte ununterbrochen. Als wir im Restaurant ankamen, riefen die Leute: „Die Koller!" Dagmar musste Autogramme geben. Kreisky grantelte. Es passte ihm überhaupt nicht, dass jemand bekannter war als er.

Meine allergrößte Bewunderung hatte Bruno Kreisky für seine Bekanntheit, die er durch seine politische Weisheit und seine Originalität erreicht hatte. Wir verbrachten damals oft unsere Urlaube bei unseren Freunden auf Hawaii. Beim Studium der Tageszeitungen stellten wir fest, dass es im Pazifik rein gar nichts über Europa zu lesen gab – außer vielleicht bei einem Terroranschlag. Da drehte sich alles um Hawaii, um Japan, Australien und gelegentlich um die Westküste der USA. Mit einer Ausnahme: Der „Sonnenkönig", wie die Presse Kreisky nannte, schaffte es mit seinen Meinungsäußerungen zum israelisch-palästinensischen Konflikt mehrmals in die internationalen Zeitungen. Er rief immer wieder zur Versöhnung als der einzigen Alternative zum Krieg auf und er behielt mit seinen Mahnungen Recht. Er war der einzige Europäer, der zitiert wurde. Das hat unsere große Bewunderung hervorgerufen.

Kreiskys Verhältnis zu mir kühlte immer mehr ab. Ich habe ihn nach wie vor sehr verehrt, und das war natürlich eine riesige Kränkung für mich, dass er mich im Grunde abgelehnt hat. Entweder bin ich auf seinem Schoß gesessen und habe Streicheleinheiten bekommen oder ich war der charakterlose Zilk, vor dem er alle gewarnt hat.

Kein Wunder, dass er nicht wollte, dass ich Unterrichtsminister wurde. Auch das war nicht seine Idee gewesen.

Erst viel später fand ich heraus, was der tatsächliche Grund für seine Ablehnung gewesen war. Die besten Freunde von Gertrude Fröhlich-Sandner über Karl Blecha bis hin zum Kärntner

Abgeordneten Michael Luptowits versuchten, für mich bei Kreisky ein gutes Wort einzulegen.

Wie so oft im Leben war es ein ganz banales Missverständnis.

Und das kam so: Bei einem Abendessen in Kitzbühel am Vorabend des Hahnenkamm-Rennens wurde an unserem Tisch über Gerüchte, die über Menschen verbreitet werden, diskutiert. Ich warf ein, dass auch unser Bundeskanzler Kreisky gegen Gerüchte zu kämpfen habe, wie zum Beispiel jener Behauptung, dass er an einer Konservenfabrik beteiligt sei. An unserem Tisch saß Kreiskys Steuerberater, der auch für die Wiener Fleischhauer tätig gewesen sein soll. Er berichtete Kreisky daraufhin, ich hätte dieses Gerücht über den Bundeskanzler verbreitet. Das war das genaue Gegenteil von dem, was ich tatsächlich gesagt hatte. Und dafür war mir Kreisky über viele, viele Jahre hinweg böse. Das hat wirklich wehgetan.

Zu einer Aussprache ist es leider nie gekommen. Ich hätte das im Vorbeigehen aufklären können.

Vollblutpolitiker

Ich habe eine dünne Haut. Insofern bin ich eigentlich als Politiker völlig ungeeignet. Dennoch habe ich eine lange Karriere durchgemacht, in der ich nie etwas durch Protektion erreicht habe. Ich war kein Jungfunktionär, ich war kein Ministersekretär, ich war kein Kammerangestellter, ich war kein Gewerkschaftskapo, sondern Quereinsteiger. Immer. Heute gibt es ja Politiker, die nicht einmal die Zeit haben, ein Studium abzuschließen. Sie sind Studentenfunktionäre, danach Kammerfunktionäre, dann Gewerkschaftsfunktionäre, dann Politikfunktionäre im Parlament. Im Gegensatz zu einer Mehrzahl der Politiker habe ich nie eine Hausmacht besessen. Meine Stärke war immer ein Satz, der schlicht und einfach lautet: „Ich bin glücklich, weil ich nichts werden will, und ich bin glücklich, weil ich nichts bleiben muss."

Ich war neben meinem Nachfolger Michael Häupl auch einer der letzten Politiker, der noch ins Wirtshaus gegangen ist. Ich gehöre nicht zu jenen, die das Glas sofort zum Nebensitzenden hinschieben, wenn ein Fotograf auftaucht, in der irrigen Auffassung, dass ihnen ein Bild mit einem Glas Wein in der Hand schaden könnte. Was mir aber immer wichtig war: Der Kontakt zu den Menschen. Da halte ich es mit dem großen Wort Otto Bauers, dass wir viel öfter zu den Menschen gehen sollten, nicht, damit sie hören, was wir sagen, sondern damit wir hören, was sie uns zu sagen haben.

Es muss Zeit und Raum für die menschliche Begegnung bleiben. Ich muss als Politiker auf die Straße gehen, ich muss durch den Park gehen und mit einer Frau reden, die einen Hund hat oder ein weinendes Kind. Wenn mich das nicht ernsthaft interessiert, dann bin ich fehl am Platz. Dieser Kontakt war für mich einerseits stets eine Kraftquelle und andererseits ein ganz wichtiges Regulativ. Durch diesen Kontakt bin ich am Boden geblieben.

Als Politiker habe ich auch nie an die Politikverdrossenheit geglaubt. Ich glaube, dass die Jugend in Wahrheit sehr konkret zur Politik Stellung bezieht, und sei es mitunter in einer erschreckend ablehnenden Haltung. Das ist jedoch nicht Abstinenz, das ist das Suchen nach neuen Werten. Es ist der Ruf nach Mitbestimmung, nach klaren Verhältnissen. Es ist das Gefühl des Überdrusses gegenüber der Verfilzung und Verflechtung der Mächtigen. Ich glaube, dass die Leute beim Helmut Zilk auch gespürt haben, dass er sie nicht an der Nase herumführt.

Als gegen Ende der Ära des von mir sehr geschätzten Fred Sinowatz das Gerücht aufkam, ich solle Bundeskanzler werden, habe ich mich gewehrt: „Nehmen Sie bitte zur Kenntnis", habe ich gesagt, „dass ich weder mit Haider noch ohne Haider Kanzler oder Parteivorsitzender oder sonst was werden möchte." Ich hatte nun einmal kein Interesse, als Nachfolger genannt zu werden.

So habe ich es auch gehalten, als ich als Bundespräsident hätte kandidieren sollen. Weder Dagmar noch ich wollten es. Deshalb habe ich angesichts der immer wiederkehrenden Meldungen und Behauptungen sogar durch einen Notariatsakt garantiert, dass ich keinesfalls zu kandidieren gedenke. Schon gar nicht gegen meinen Freund Thomas Klestil.

Mein Leben mit Dagmar

Das Leben mit Dagmar hätte aufregender nicht sein können. Wir haben viele Großen der Welt kennen gelernt, wir tranken Wodka mit Zarah Leander, wir besuchten Teddy Kollek in Jerusalem, wir waren Gast bei Oskar Werner im Liechtenstein und schwammen in Bruno Kreiskys Pool auf Mallorca.

Meinen Heiratsantrag habe ich ihr im Schloss Sanssouci im damaligen Ostberlin gemacht. Dagmar behauptet ja, es sei mehr ein Diktat als ein Antrag gewesen. Naja, jedenfalls war es Mai und ich sagte: „Dagmar, ich bin sehr glücklich mit dir, wir werden heiraten!"

Sie hat nicht protestiert. Am 21. Juli 1978 gaben wir einander auf dem Standesamt Schlesingerplatz in der Josefstadt das Ja-Wort. Trauzeugen waren mein Freund Ferry Dusika und Bürgermeister Leopold Gratz.

Apropos Freunde: Ich habe eigentlich sehr wenige Freunde. Ich kann sie an einer Hand aufzählen: Günter Geyer ist ein sehr guter Freund, weiters Johannes Kunz, Hans Dichand, Kurt Scholz, mein Büroleiter Ernst Graf und Chefinspektor Andreas Kainz. Aber mein bester Freund war eigentlich immer Dagmar.

Im Scherz sage ich manchmal über sie: „Dagmar hat nichts in die Ehe mitgebracht als eine weinende Mutter!" Meine Schwiegermutter hat mich nämlich vom ersten Augenblick an gehasst. Vielleicht weil ich der erste Mann war, der nicht sie, sondern ihre Tochter hofiert hat.

Gleich als sie merkte, dass es mir mit Dagmar ernst ist, bestellte sie mich ins Café Sacher. „Machen Sie mit meiner Tochter, was Sie wollen, aber kommen Sie ja nicht auf die Idee, sie zu heiraten!" „Gnädige Frau", sagte ich darauf, „damit kann ich leider nicht dienen." Das bedeutete Krieg.

Alle meine Versuche, ein entspanntes Verhältnis zwischen uns aufzubauen, hat sie im Keim erstickt. Wenn ich ihr Geschenkkörbe vom Meinl am Graben geschickt habe, schenkte sie alles demonstrativ den Nachbarn. Ständig gab es Streitereien, kein Ostern, kein Weihnachten war friedlich. Jedes andere Paar hätte diese Frau auseinandergebracht.

Ich habe mich oft gefragt, wie ich das Herz von Dagmar, diesem ganz besonderen Geschöpf Gottes, gewonnen habe. Ich glaube, durch ausdauernde Liebe. Ich bin ein Mensch, der sehr liebesbedürftig ist, der aber auch sehr viel Liebe gibt. Ich bin ein Mann, dem Zärtlichkeit mindestens so wichtig ist wie Sex.

Aber wirklich berührt hat mich, dass Dagmar schon im Alter von dreizehn Jahren von ihrer Mutter allein nach Wien geschickt worden ist, weil diese einen englischen Major kennen gelernt hatte und heiraten wollte. Die Kinder wurden auseinandergerissen: Dagmars Bruder kam zum Vater auf den Semmering und Dagmar in ein Gewerkschaftsheim in Wien-Simmering. Übrigens geschah das aus rein finanziellen Gründen, denn ideologisch hatte Dagmars Mutter mit der Sozialdemokratie rein gar nichts am Hut.

Dagmar musste sich ganz allein durchschlagen. Und obwohl sie es selbst so schwer gehabt hat im Leben, ist sie dennoch ein guter Mensch geblieben. Der Lohn für den Fleiß war, dass sie ihre Ausbildung an der damaligen Akademie für Musik und darstellende Kunst mit Auszeichnung abschloss.

Wir führten zwanzig Jahre lang eine Beziehung auf Distanz. Sie war auf Tournee, ich war in Wien. Ich habe ihr überallhin Blumen geschickt. Ich gab ein Vermögen für Rosen aus. Egal in welchem Hotel auf dieser Welt sie gerade eincheckte, erwartete sie dort schon ein Strauß Blumen von mir.

Ich rief Dagmar auch immer spätnachts noch an und weckte sie in der Früh auf. Damit wollte ich ihr zeigen: „Ich denke an dich. Du bist mir etwas wert." Der graue Alltag der Ehe beginnt dort, wo man sich nicht mehr verehrt, geliebt und begehrt fühlt.

Deshalb bin ich auch ein großer Anhänger von Liebesbriefen. Ich weiß nicht, wie viele Liebesbriefe ich meiner Frau in den siebenunddreißig Jahren unseres Zusammenseins schon geschrieben habe. Oft sind es nur kleine Zettel, auf denen steht: „Ich liebe dich mehr denn je. Ich bin froh, dass ich dich habe. Kränk dich nicht. Sei tapfer, ich halte zu dir."

Da ich schnarche und oft mitten in der Nacht aufwache, um fernzuschauen oder Zeitung zu lesen, Dagmar hingegen schlecht einschlafen kann und morgens nicht aus dem Bett kommt, schlafen wir schon seit ewigen Zeiten in getrennten Schlafzimmern. Das kann ich nur empfehlen. Es ist nicht nur besser für die Nachtruhe, sondern auch für die Liebe.

Von Wien bis Tokio

Natürlich haben Dagmar und ich uns Kinder gewünscht. Aber Dagmar war Ende der siebziger Jahre immer noch auf Tournee, und ich gerade drauf und dran, Kulturstadtrat zu werden. Mit dem Kinderwunsch wurde es bald schon eng. Aber wir konnten uns auch vorstellen, ein Kind zu adoptieren.

Ich flog mit Dagmar nach Macao, im heutigen China, denn dort, so hatten wir gelesen, könnte uns der Bischof ein Kind vermitteln. Wir fanden auch eines, aber die Auflage war, dass wir drei Monate in Macao bleiben müssten, damit der Kleine sich an seine künftigen Eltern gewöhne. Das war uns beiden nicht möglich.

Vielleicht sind wir wegen unseres unerfüllten Kinderwunsches in vielerlei Hinsicht sehr kindisch geblieben. Da gibt es zum Beispiel ein Ritual zwischen uns, mit dem wir einander bis heute unsere Stimmung mitteilen. Wir benutzen Stofftiere dazu. Liegt der Bär flach auf dem Rücken, ist er verwundet. Hat Dagmar ihn ins Eck geschleudert, ist sie wütend. Oft liegt er in Umarmung mit einem anderen Tierchen auf dem Kissen, das signalisiert den Wunsch nach Nähe. Oder die Viecherln liegen voneinander abgewandt, dann ist Distanz angesagt.

Wir machen uns bis heute kleine Geschenke. Vor kurzem gefiel mir in Portugal eine kleine Sonnenblume aus Swarovski-Kristall sehr gut. Dagmar hat das registriert und sie mir am nächsten Tag gekauft. Ach Gott, sie ist ein romantisches Mädchen. Es vergeht kaum ein Tag, wo sie mir nicht irgendetwas mitbringt: Ein Erdbeertörtchen von der Aida, ein Buch, kleine Überraschungen, Zeichen dafür, dass sie mir in jeder Sekunde nahe ist.

Liebe heißt auch in hohem Maße Respekt vor dem anderen. Auch wir haben gelegentlich Gedanken und Gefühle, die wir dem anderen nicht mitteilen wollen. Wir brauchen beide unsere Rückzugsgebiete.

Dann wieder fühlen wir ein- und dasselbe. Wenn Dagmar Zahnschmerzen hat, kriege ich auch Zahnschmerzen. Wenn ich Kopfweh habe, leidet sie auch. Sie ist ein Teil von mir. Deshalb habe ich sie in aller Öffentlichkeit oft liebevoll „mein Ripperl" genannt.

Was ich alles mit dieser Frau erlebt habe! 1985 flog sie mit mir zur Internationalen Städtekonferenz nach Tokio. Der damalige Kaiser Akihito gab einen Empfang, alle Ehepaare mussten in Zweierreihen antreten und sich dann vor dem Kaiser verneigen – die Frau des Bürgermeisters von Montreal ist beim Hofknicks umgefallen. „Was werden wir reden?", hat mich Dagmar gefragt. Darauf sagte ich: „Das ist ganz einfach. Sein Enkel lernt in Wien Geige, das ist ein guter Anknüpfungspunkt."

Der Kaiser ist dahingeschmolzen, als wir seinen Enkel erwähnten. „Vienna, Vienna!", murmelte er ganz erfreut. Wir haben uns verneigt und sind abgetreten. Und dann ist Folgendes passiert: Dagmar griff nach dem Champagner – jedes Paar bekam nach der Audienz ein Glas Champagner –, drehte sich um und stieß ein Tablett mit den schönsten Canapés um, die alle auf den leuchtend grünen Teppich des Kaiserpalastes klatschten. Ich habe schnell das Weite gesucht, indem ich mit Riesenschritten über den Gatsch am Boden balanciert bin, während Dagmar ganz verzweifelt versucht hat, die Canapés aufzuheben.

Das beobachtete ein bildschöner Mann am anderen Ende des Saales. Er eilte quer durch den Raum meiner Frau galant zu Hilfe und sammelte die Canapés ein. In schönstem Französisch hat er meine Frau getröstet und mich blamiert. Der Mann war Jacques Chirac!

Wir sind noch oft nach Japan geflogen. Dort gab es damals eine Fernsehserie, die so berühmt war wie bei uns der *Mundl*. Es gelang uns, Wien den Japanern schmackhaft zu machen. Sie verlangten aber, dass ich im japanischen Mundl eine kleine Rolle als Wiener Bürgermeister spiele. Das war das einzige Mal, dass diese Serie außerhalb Japans gedreht wurde.

Als wir dann nach Tokio zur Premiere eingeladen waren, passierte Dagmar neuerlich ein Unglück. Sie stand vor dem Badezimmerspiegel und warf ihre Haare mit Schwung zurück. Neben ihr stand ein Sessel, und an dem verletzte sie sich dabei am Kopf. Auf der Stirn bildete sich eine tennisgroße Beule und sie schlug sich auch zwei Vorderzähne aus.

Dagmar ist jedoch eine Meisterin im Improvisieren. Erst behandelte sie ihre Beule mit Eiswürfeln, dann kaufte sie sich ein Shiseido Make-up, ließ sich die Stirnfransen schneiden und machte beim Empfang den ganzen Abend den Mund nicht mehr auf. Auf den Fotos war sie so schön wie noch nie.

Ich war in meinem Leben rund fünfundzwanzig Mal in Japan. Ich erhielt auch die höchste Auszeichnung des japanischen Kaiserhauses für die Stärkung der Beziehungen zwischen Österreich und Japan und die Ehrendoktorwürde der Tokay Universität, der größten Privatuniversität Japans. Später wurde ich zum Ehrenbürger von Tokio ernannt.

Am 23. Juni 1991, dreizehn Jahre nach unserer standesamtlichen Trauung, heirateten Dagmar und ich kirchlich. Kardinal Hans Hermann Groer traute uns in der Kapelle des Wiener Erzbischöflichen Palais. Für uns trifft ganz bestimmt zu, was die Kirche für den heiligen Bund der Ehe vorgesehen hat: Einander zu lieben, bis dass der Tod uns scheidet.

Junior & Senior

Mein Sohn Thomas hat es auf vier Ehen gebracht. Ich scheine ihm das Unstete in Sachen Frauen weitergegeben zu haben. Seine erste Ehe, das war eine Jugendliebe, blieb kinderlos. Das zweite Mal probierte er es in Graz. Seine Frau brachte ein Mädchen in die Ehe mit, das Thomas adoptierte. Dazu kam bald auch ein gemeinsamer Sohn. Ich bin also zweifacher Großvater. Beide Kinder studieren noch.

In Südafrika heiratete Thomas ein drittes Mal eine sehr schöne Frau, die drei Kinder mit in die Ehe brachte. Auch diese Verbindung ging auseinander.

Seine vierte Frau ist seine große Liebe. Geraldine ist Mutter von zwei Töchtern und eine sehr wohlhabende, kultivierte Frau.

Thomas Zilk war lange als Afrika-Manager bei der AUA und in Johannesburg stationiert. Heute betreibt er dort ein eigenes, kleines Unternehmen.

In einem Porträt über mich schrieb Thomas einmal Folgendes: „Mein Vater liebt Nachthemden und ist ein Krawattenfetischist. Er hat die schönsten Krawatten und ich auch – weil ich in regelmäßigen Abständen bei ihm Krawatten „einsammeln" komme. Mein Vater ist stets gut gekleidet und hat den perfekten Haarschnitt." Ich bin für ihn „der Laute, der Unbequeme, der Starke, der Gefühlvolle, der Sentimentale, der Korrekte, der Unerschrockene, der Unbeeinflussbare".

Trotz der großen Distanz sind wir in ständigem Kontakt. Wir telefonieren viel, und Thomas kommt auch oft nach Wien. Die ungewöhnlichste Geschichte, die wir miteinander teilen, ist die folgende: Am Tag des Bombenattentats auf mich spaziert ein Mann mit seiner Freundin über den Graben und sieht, wie gerade die Naglergasse großräumig abgesperrt wird. Er denkt sich nichts dabei. Als ihn die Polizei am Weitergehen hindern will, nennt er seinen Namen und wird sofort durchgelassen. Der Mann war Thomas Zilk. Er musste mit ansehen, wie ich nach dem Attentat auf der Bahre ins Rettungsauto geschoben wurde. Er war zufällig an jenem Tag in Wien und hatte mich und Dagmar noch in Zürich vermutet. Dass er, der tausende Kilometer weit weg wohnt, just in dem Augenblick, als in unserer Wohnung die Bombe explodierte, über den Graben spazierte, kann kein Zufall sein. Das bleibt für immer unerklärlich.

Thomas fuhr sofort mit Dagmar im Rettungsauto mit ins AKH und war bei mir, als ich die erste schwere Prüfung in meinem Leben zu bestehen hatte. Er sollte auch da sein, als ich Jahre später nach meinem Herzversagen im Wiener Wilhelminenspital endlich sterben wollte.

Bürgermeister

Bürgermeister von Wien zu sein ist eine so ehrenvolle, beflügelnde und bewegende Aufgabe, dass ich es gar nicht formulieren kann. Ich habe immer eine große Faszination für diese Stadt empfunden, für ihre kulturellen Qualitäten, ihre unbegreifliche Anziehungskraft über Jahrhunderte für Tausende Menschen und Persönlichkeiten aus der ganzen Welt, ihre unbeschreibliche Assimilationsfähigkeit Menschen, Gruppen und Teilen von ganzen Völkern gegenüber. Denn Wien ist ein einmaliges Beispiel dafür, dass man die Jahre 1945 bis 1955 mit vierfacher Besetzung durch die Alliierten in dieser Weise überleben konnte.

Als mir der Vorstand der Wiener SPÖ 1984 anbot, Bürgermeister zu werden, sagte ich wieder sofort „Ja". Bedenkzeiten sind meine Sache nicht.

Das hat schon Jörg Mauthe gewusst, der über mich meinte: „Helmut ist nicht imstande, sich etwas drei Tage zu überlegen, – er macht immer alles sofort. Aber er hat eine hohe Trefferquote."

Als Kind dieser Stadt, das Zeitgeschichte einen Steinwurf vom Rathaus entfernt erlebt hat, gab es keinen bedeutenderen Moment in meinem Leben als die Wahl zum Wiener Bürgermeister am 10. September 1984 durch den Wiener Gemeinderat.

Ich könnte jetzt aufzählen, was wir in Wien alles durchgesetzt haben: Grünpolitik, Ausbau der Donauinsel, Schutz des Wienerwaldes, Senkung der Emissionswerte, Wohnbauprogramm, Betriebsansiedelungspolitik, Fremdenverkehrsförderung, den Ausbau des Gesundheitswesens und wirtschaftlicher Auslandsbeziehungen, den Wiener Klangbogen, das Jazzfest, das Ballett-Festival und das Blasmusikfest, die neuen Wiener Festwochen, schließlich das Opernfilm-Festival auf dem Rathausplatz für 100.000 Gäste und Wiener. Diesen Erfolg ermöglichte mir mein Freund Leo Kirch, der auf Lizenzgebühren verzichtete und sogar die Filmkopien gratis zur Verfügung stellte.

Sehr wichtig war vielleicht mein Umgang mit der übermächtigen Bürokratie. Als mir der Magistratsdirektor gleich zu Beginn meiner Tätigkeit das Ernennungsdekret für den neuen Leiter der Stadtgärten vorlegte, weigerte ich mich. „Kommt nicht in Frage, dass ich jemanden ernenne, den ich überhaupt noch nie gesehen habe!" Ich wollte alle drei Kandidaten kennen lernen. Das war noch nie da gewesen.

Schließlich habe ich den Drittgereihten, weil meiner Meinung nach besten Kandidaten, zum Stadtgärtner ernannt. So bin ich auch die folgenden zehn Jahre vorgegangen.

Ich empfing und zeichnete aber auch eine Vielzahl von Mitarbeitern der Stadtverwaltung, die durch besondere Leistungen aufgefallen sind, aus. Und ich bin noch heute stolz darauf, dass ich des Öfteren mit dem damaligen Polizeipräsidenten Bögl während der Nachtstunden Polizeibeamte besuchte, die während ihres Dienstes verletzt worden waren. Das wird heute oft vergessen: Dass es nicht nur darum geht, Kritik zu üben, Fehler aufzuzeigen, sondern auch zu loben und Leistung anzuerkennen.

Stolz bin ich auch darauf, dass ich nicht nur eine gute Hand bei der Auswahl meiner Mitarbeiter hatte, sondern dass ich sie später auch in ihre weitere Karriere ziehen ließ. Peter Hacker wurde Geschäftsführer des Fonds Soziales Wien, Ing. Gerhard Schmid Vorstandsdirektor der Flughafen Wien AG, Senatsrat Ernst Graf ist in der Magistratsdirektion verantwortlich für Hilfs- und Sofortmaßnahmen. Oberamtsrat Reinhold Köhler wurde Vorstandsdirektor bei den Badner Bahnen; er starb 1999. Und Dr. Karl Skyba wurde zum Generaldirektor der Wiener Stadtwerke bestellt. Sein Nachfolger Dr. Ernst Theimer ist bis heute Magistratsdirektor der Stadt Wien.

Als Führungspersönlichkeit war ich jederzeit gesprächsbereit. Offene Türen waren bei mir Standard. Meine Vorzimmerdamen konnten gar nicht behaupten, ich wäre nicht da, denn meinen Bass hat man bis weit hinaus gehört und das war auch gut so.

Ich war aber keiner, der sich in den riesigen Amtsräumen Luegers verschanzte. Am wohlsten fühlte ich mich als Fußgänger, der von der Naglergasse über den Hof und die Freyung hinüber ins Rathaus marschierte. Da fiel mir jedes Plastiksackerl auf, das durch die Luft flog, und jeder überquellende Papierkorb. Am liebsten hätte ich die Parksünder, die meine Müllabfuhr blockierten, eigenhändig abgeschleppt.

Vom ehemaligen roten Wien ist wenig übrig geblieben. Das Imperium ist zerschlagen worden. Heute ist eine andere Zeit. Und vielleicht ist es gar nicht so schlecht, dass der Einfluss der Parteien um so vieles geringer geworden ist. Man denke nur an den Konsum und an die Bawag. Das waren einst gewichtige Gründungen der Arbeiterbewegung. Aber wenn sich etwas nicht mehr bewährt, dann ist es besser, man gibt ihm den Todesstoß.

In den letzten Jahrzehnten hat sich ein neues soziales Wien entwickelt, das seinen Bürgern auch für die Zukunft Arbeit, Umwelt und Sicherheit garantiert.

Drei Grundsätze haben mich immer geleitet und ich habe versucht, sie allen Mitarbeitern näher zu bringen:

Erstens: Der Magistrat ist nicht vorgesetzte Behörde, sondern Dienstleistungsbetrieb.

Zweitens: Jeder Mitarbeiter hat sich deshalb als Diener der Bürgerinnen und Bürger zu sehen.

Drittens: Einerlei welche Funktion ein Mitarbeiter des Magistrats hat: Entscheidungen dürfen nicht aufgeschoben, sondern müssen schnell getroffen werden, auch um den Preis gelegentlicher Fehler, für die die Vorgesetzten gerade zu stehen haben.

Kleine Gesten

Die wichtigste Tugend eines Politikers ist es, sich den Menschen nicht zu verschließen. Er hat auf sie zuzugehen, er muss angreifbar sein, er muss den Menschen auch Freude bereiten. Ich erinnere mich an folgende Begebenheit: Ich begegnete eines Morgens auf dem Fußmarsch von meiner Wohnung in der Naglergasse hinüber zum Rathaus einer alten, verschreckten Frau. Sie weinte. Als ich auf sie zugegangen bin, ist sie erschrocken. „Jössas, der Bürgermeister!" Ich wollte wissen, warum sie weinte. Da erzählte mir diese Frau folgende Geschichte. Als sie das Grab ihres Mannes besuchen wollte, waren dort die verfaulten Blumen des Nachbargrabes zwischengelagert. Die Frau wandte sich an das Friedhofspersonal und einer der Bediensteten meinte salopp: „Regen'S Ihna ned auf, der Papa g'spürts eh nimmer!" Das hat diese arme Frau erschüttert.

Ich nahm sie mit, tröstete und beruhigte sie bei mir im Büro und ließ sie schließlich mit einem Korb voller Köstlichkeiten nach Hause fahren. Dann überlegte ich kurz, auf welche Weise ich dieses Problem, die fehlende Mitmenschlichkeit im Alltag von Beamten, lösen könnte. Zuerst dachte ich daran, an alle Behördenleiter ein Rundschreiben zu verfassen. „Aus gegebenem Anlass wird darauf hingewiesen, dass …" und so weiter und so fort. Aber im Bewusstsein, dass Papier geduldig ist und doch meistens im Papierkorb landet, machte ich etwas ganz anderes.

Ich ließ den zuständigen Friedhofsmitarbeiter zu mir kommen, schaute ihm tief in die Augen und fragte ihn, ob er sich für einen guten Menschen hielt. Was er – auch im Hinblick auf die gemeinsame Parteizugehörigkeit – mehrfach beteuerte. Darauf meinte ich: „Na, Sie sind kein guter Mensch, Sie sind das, was Nestroy einen schlechten Kerl nennt, weil Sie kränken alte Leute durch oberflächliches Reden!" Daraufhin war er baff, entsetzt und so zerknirscht, dass ich ihm Labung im Form eines Cognacs angeboten und ihn schließlich nach Hause geschickt habe.

Die Sinnhaftigkeit dieses Vorgehens hat sich bereits am nächsten Vormittag gezeigt, als der für die Friedhöfe zuständige Stadtrat entsetzt zu mir kam. „Was hast du mit meinen Totengräbern gemacht?", wollte er wissen. Die seien alle ganz verwirrt. Insgeheim freute ich mich, denn das war genau das, was ich bezweckt hatte. Dieses kurze Gespräch hatte eine ungleich stärkere Wirkung als ein hochoffizielles Papier gehabt.

Überhaupt ist die persönliche Aussprache durch nichts zu ersetzen. Das sollten sich Führungskräfte zu Herzen nehmen. Probleme löst man, indem man über sie spricht.

Einmal ging ich im Hochsommer zufällig beim Stephansdom vorbei, als ich eine Gruppe von Touristen beobachtete, die ihre nackten Oberkörper an die Außenmauer des Doms gelehnt hatten und Siesta halten wollten. Ich habe sie eindringlich und mit Erfolg aufgefordert, Respekt zu wahren: „Anziag'n, aber schnell, sag' i!" Die verdatterten Amerikaner waren allerdings der Wiener Sprache nicht mächtig. „I am the mayor of this city. Anziag'n!" Da haben sie verstanden.

Oft habe ich auch einfach Leute gelobt. Straßenkehrer zum Beispiel, die besonders eifrig am Werk waren. Bei ihnen bedankte ich mich und lud sie zu einem Imbiss mit einem Glasl Bier ein. Man glaubt gar nicht, wie sehr sich Menschen über so etwas freuen. Das habe ich hundert Mal gemacht!

Apropos Straßenkehrer: Es war mir auch nie zu dumm, dass ich jedes Papierl aufgehoben habe, das auf der Straße gelegen ist, für manche Leute zum Gaudium, andere haben mich als Verrückten angesehen, wieder andere haben das mit Bewunderung registriert. Wie heißt es so schön? Es gibt nichts Gutes, außer man tut es!

Ich lud auch oftmals Schulklassen, die aus den Randgebieten auf Stadtbesichtigung waren, auf Faschingskrapfen ein, wenn sie mich erkannten und grüßten.

Das sind so kleine Gesten. Große Überlegungen sind wichtig, Pläne sind wichtig, Netzwerke sind wichtig. Aber unersetzlich bleibt die persönliche Zuwendung. Das ist das beste Netzwerk, nämlich ein moralisches Netzwerk.

Das gilt für den Lehrer genauso wie für den Politiker und im Übrigen gilt es für jede Führungspersönlichkeit. Motivation, Aufmerksamkeit oder ein Dankeschön sind kleine Gesten mit riesengroßer Wirkung. Die Zuwendung, die man Menschen geschenkt hat, kommt im Lauf eines Lebens tausendfach zurück.

Das Messerattentat

Lange bevor Franz Fuchs das Attentat auf mich verübt hatte, wollte mich jemand anderer auf dem Rathausplatz niederstechen. Ich habe das nie publik gemacht. Eigentlich hatte ich es längst vergessen.

Es muss Ende der 80er gewesen sein, am 1. Mai. Ich wollte wie immer zum Sammelplatz für den ersten Bezirk gehen. Beim Haustor erwarteten mich zwei Männer. Ich erkannte sie sofort als Kriminalbeamte. Auf meine Frage, was sie hier machen, sagten sie nur: „Ja, wir müssen heute auf Sie aufpassen. Es hat eine anonyme Drohung gegeben." Wir gingen dann zu dritt mit dem Zug über den Ring zum Burgtheater bis zum Rathaus.

Am frühen Morgen dieses ersten Mai hatte sich Folgendes abgespielt. In Meidling war ein Mann, offenbar ein Sonderling, in ein Taxi eingestiegen. Er trug einen gelben Rollkragenpullover. „Bringen'S mi heut' hinters Rathaus", trug er dem Taxler auf, „weil ich muss den Zilk abstechen."

Der Taxifahrer war entsetzt. Da sagte der Mann zu ihm: „Ihnen g'schieht nix, brauchen'S keine Angst haben." Der Taxler fuhr also los, schaute während der Fahrt in den Rückspiegel und sah tatsächlich, wie sein Fahrgast aus seinem Mantel ein Messer zog.

Und jetzt kommt das Komische: Der Taxler ist weitergefahren, obwohl doch jeder denken würde, der müsste sofort beim nächsten Wachzimmer anhalten! Aber dieser Fahrer wollte oder besser gesagt konnte nicht handeln. Aber das habe ich erst viel später recherchiert.

Hinter dem Rathausplatz stieg der Mann mit dem gelben Rollkragenpullover aus. Der Taxifahrer hatte sich dann doch entschieden, den nächsten Wachbeamten zu informieren. Der alarmierte die Polizei.

Ein damals legendärer Polizeioffizier, Oberst Neugeborn, überwachte von der Tribüne aus höchstpersönlich Demonstranten und Zuschauer und erspähte den Mann im gelben Rollkragenpullover sofort. Er stellte den verhinderten Attentäter und nahm ihm das Messer ab. Er wurde rechtzeitig festgenommen.

Bei den Erhebungen der Polizei hat sich dann herausgestellt, dass der Mann in einem Gemeindebau im 12. Bezirk wohnte und der Nachbarin am Tag vorher eine Art Testament übergeben hatte. „Wenn mir morgen irgendwas passieren sollte", meinte er, „dann wissen Sie, was zu tun ist." In diesem Brief hatte er genau aufgelistet, wer seinen Fernsehapparat kriegt, wem er den Kasten vermacht und so weiter. Also muss er sich sehr ernsthaft mit diesem Attentat beschäftig haben.

Mir hat die Geschichte aber keine Ruhe gelassen. Nach ein paar Monaten ging ich zum Präsidenten des Straflandesgerichts, einem alten Bekannten von mir, und bat ihn um eine Unterredung mit dem Sonderling.

Als ich die Zelle betrat und den Mann nach seinem Motiv fragte, schaute er mich an und rief: „Jössas, der Herr Bürgermeister! San'S no bös auf mi?" Da ist mir im ersten Moment natürlich nichts mehr eingefallen. Ich musste lachen. Das ist eine Wiener Geschichte, die von Qualtinger sein könnte.

Ich erwiderte: „Naja, wissen'S, a besondere Freud' hab ich keine mit Ihnen …" Und da hat er mit mir geredet.

114

Der Mann war eher ein Strizzi gewesen, ein Gelegenheits-
arbeiter beim Zirkus, ein Taglöhner des Unterhaltungsge-
schäfts. Alleinstehend, eine verlorene Figur.

Ich wollte wissen, warum er gerade mich als Opfer gewählt
hatte. Da meinte er: „Ich bin ja so froh, dass nix passiert ist. Ich
war ein Trottel, ich weiß das eh. Aber ich wollte ein Zeichen
setzen gegen das Unrecht in der Welt."

Darauf ich: „Hätten Sie sich für dieses Zeichen nicht einen
andern aussuchen können?"

Dann haben wir beide gelacht.

Aber die Geschichte ist noch nicht zu Ende. Mich hat natürlich auch interessiert, warum der Taxler nicht sofort zur Polizei gegangen ist.

Und bei dem war das so: Er hatte gezögert, weil er Angst vor
seiner Frau hatte. An jenem Tag hatte er sich krank gemeldet
und fuhr für einen anderen Unternehmer schwarz. Seine Frau
hatte ihn wiederholt gewarnt: „Wirst sehen, eines Tages schmei-
ßen sie dich raus." Deshalb wollte er sich nicht der Polizei stellen. Er bat inständig darum, seinen Namen nicht zu veröffentlichen, und er wollte auch keinen Dank haben. Ich habe ihm
trotzdem irgendwann ein paar tausend Schilling vorbeige-
bracht.

Angst habe ich dennoch nie gehabt. Bis zum Bombenattentat nicht. Und seltsamerweise bis heute nicht. Das liegt in meiner Natur. Das ist wahrscheinlich jene Furchtlosigkeit, die mir
mein Vater vorgelebt hat.

Al Pacino und Maria Callas

Dagmar und ich waren natürlich ein schillerndes Paar. Sie hat alle Künstler gekannt, ich alle Politiker. Gemeinsam gab es wenige Prominente, die wir nicht irgendwann getroffen oder nach Wien eingeladen haben. Man denke nur an den Besuch von Prinz Charles und Lady Di. Das ging durch die Weltpresse.

Auch Billy Wilder und seine Frau waren in Wien. Billy erzählte stolz, dass er überall mit „Herr Wilder" – Wilder wie wild – angesprochen und erkannt wurde. Während eines Abendessens mit dem damaligen Unterrichtsminister Scholten und Bundeskanzler Vranitzky sahen wir, wie Billy Wilder Wodka und seine Frau Audrey Gin aus dem Wasserglas tranken. Es wurde mehrmals nachgeschenkt. Als Frau Wilder am Schluss aufstand, blieb sie dennoch aufrecht stehen, wie ihr Mann.

Billy Wilder lud Franz Vranitzky scherzhaft ein, eine Rolle in einem seiner Filme zu spielen, und verabschiedete sich mit dem Satz: „Vielen Dank für die Einladung, Herr Reichskanzler!" Wir lachten und applaudierten.

Manchmal geschah es auch, dass nicht Dagmar, sondern ich für prominent gehalten wurde. In Griechenland zum Beispiel, auf Hydra, kam während eines Urlaubs eine aufgeregte junge Dame auf uns zu. Dagmar war damals am Höhepunkt ihrer Karriere und hatte schon die Autogrammkarten gezückt. Aber dieses Mädchen wollte ein Autogramm von mir! Dann kam noch jemand und dann noch ein paar Leute und schließlich ist eine ganze Reisegruppe wie eine Traube um uns herumgestanden und ich habe erfreut ein Autogramm nach dem anderen geschrieben. „Ich wusste gar nicht", habe ich zu Dagmar gesagt, „dass der Bürgermeister von Wien sogar in Griechenland bekannt ist." Dagmar kam das spanisch vor. Schließlich fragte sie einen der Fans: „Why is this guy so interesting? Who is he?" Er hat Dagmar ganz entsetzt angestarrt und gerufen: „Al Pacino!"

Meine Unterschrift ist praktisch unleserlich, und ich hatte tatsächlich gerade zehn Kilo abgenommen und meine ersten grauen Schläfen bekommen. Wir ließen sie also im Glauben, ich sei Al Pacino.

Einmal spazierten wir durch München, als wir noch gar nicht verheiratet waren, und sahen ein Plakat: Maria Callas – Arienabend – mit Giuseppe di Stefano. Dagmar fand natürlich sofort heraus, in welchem Hotel die beiden wohnten. Also gingen wir ins Hilton, und Dagmar wurde von den Künstlern in ihre Suite gerufen und empfangen. Ich saß in der Lobby herum, eine Viertelstunde, eine halbe Stunde, eine Stunde. Dann bekam ich einen Anruf, ich solle doch auch hinaufkommen. Callas und di Stefano wollten mit uns zu Abend essen.

Ich war von der Schönheit der Callas, die damals schon einundfünfzig Jahre alt war, überwältigt. Sie trug ein langes, schwarzes Abendkleid. Ihre schwarzen Haare hatte sie offen und am rechten Mittelfinger funkelte ein Rubin, so groß wie eine Erdbeere. Dagmar meint heute noch ironisch, die Callas habe in dem Moment, in dem ich ihr gegenübergestanden sei, den Onassis gesehen. Von ihm war natürlich der erdbeergroße Klunker.

117

Zu essen gab es blutige, dicke Steaks, die Lieblingsspeise von Maria Callas. Aber sie hatte nur noch Augen für mich. Dagmar sagt, damals sei ihr bewusst geworden, dass ich doch etwas ganz Besonderes sein müsse, wenn die weltberühmte Callas ihre Augen den ganzen Abend nicht mehr von mir lässt. Wir haben zusammen eine ganze Flasche Stolychnaya geleert, nur die Callas und ich.

Ihr Manager flehte Dagmar an: „Ich bitte Sie, Frau Koller, tun Sie was! Frau Callas muss morgen singen, sorgen Sie doch dafür, dass Ihr Freund mit dem Wodka aufhört!" Dagmar hat ihm erklärt, sie könne das nicht verhindern, es tue ihr wirklich leid. Mit Argwohn, aber auch voll Seligkeit, weil sie die Callas sehr verehrte, beobachtete sie, wie wir einander schon Handibussis gaben.

Aber jetzt kommt die traurige Pointe. Am nächsten Tag konnte die Callas nicht mehr singen. Zu viel Wodka. Mir hat das furchtbar leid getan, und als ich die Schlagzeilen der Münchner Zeitungen las, fühlte ich mich schuldig. Tatsächlich war jener unvergessliche Abend in München 1974 der Schlusspunkt ihrer letzten Tournee.

Kardinal König

Meine zwei Lebensmenschen sind mein Vater und Kardinal König. Die Bekanntschaft mit Seiner Eminenz geht weit zurück in die sechziger Jahre, als ich noch nicht Programmdirektor, er aber schon Kardinal war. Ich kümmerte mich zu jener Zeit beim ORF auch um Religionssendungen, was damals gar nicht so populär war. Heute ist die Kirche die Mutter aller, einerlei ob sie links oder rechts stehen. Das war damals noch nicht so. Eines Tages lernte ich ihn kennen und war beeindruckt von seiner Bescheidenheit, hinter der sich ein so intellektueller Mensch verbarg. Er war auch ein sehr nobler Mann. Überragt hat aber alles seine Menschlichkeit. Kardinal König hatte für jedes Problem Verständnis. Er gab seinem Gegenüber stets das Gefühl, etwas Besonderes zu sein. Ich habe von ihm gelernt, Menschen zu verstehen und letztlich auch Menschen zu verzeihen, mehr Geduld zu haben für jene, die anders denken und anders handeln, als ich es mir vorstelle.

Ich glaube, ich war ihm sympathisch, ich war jünger und vor allem nicht ohne Widerspruchsgeist, trotzdem aber aufgeschlossen für vieles, was er sagte.

Einmal erwies er mir die große Ehre, zu mir zu sagen: „Sie machen doch so viele politische Sendungen, lesen Sie meine Weihnachtsansprache einmal vorher durch. Mich würde interessieren, was Sie sagen." Ich habe sie durchgelesen und durfte ihm dann auch sagen, was ich mir denke. Ich bin mir nicht klar, inwieweit es ihn berührt hat und ich habe auch nicht verfolgt, inwieweit er meine Anmerkungen berücksichtigt hat.

In den folgenden Jahren kam ich ihm verhältnismäßig nahe und durfte immer wieder bei ihm zu Gast sein. Es gab heißen Kaffee und Kuchen, aber oft auch ein Gläschen Wein und ein belegtes Brötchen.

Ich habe von ihm sehr viel gelernt, Lebensweisheiten. Ich habe vom Umgang mit ihm aber auch für meine eigene Persönlichkeit profitiert. Die Religion als Regulativ meines Lebens ist in den Begegnungen mit ihm wieder in den Vordergrund gerückt. Gerade heute spüren wir doch, wie sehr uns in unserem Leben Regulative fehlen.

Nachdem er abgetreten ist, war ich alle paar Monate einmal bei ihm zu Gast, und bei einem dieser Treffen vor Weihnachten bot mir der Kardinal sogar das Du-Wort an. Das ist ein unglaubliches Erlebnis, wenn der große, greise Kardinal diesem Nichts, also mir, das Du-Wort anbietet. Ich war ja verglichen mit ihm ein Würstchen.

Als ich später nach dem Bombenattentat auf der Intensivstation lag, war Kardinal König einer der ersten Besucher im Spital. Und dann passierte etwas, was ich nie mehr vergessen werde, was unauslöschlich in meinem Innern festgehalten ist: Wir haben gemeinsam zu Gott gebetet. Das war ein Moment einer solchen Innigkeit und Verbundenheit, wie ich ihn in meinem Leben nur ganz selten erlebt habe. Wir haben um Hilfe gebetet, um Kraft. Aber auch um Vergebung.

Ich bin ein Weichholz, deshalb kommen mir bei solchen Stellen immer leicht die Tränen.

Ich habe durch mein Elternhaus zwar keine sehr katholische

Erziehung genossen, obwohl ich bei den Piaristen in der Privatschule war. Die Zilks haben jedoch nach der Tradition der österreichischen katholischen Familien gelebt. Es wurde meine Kommunion gefeiert, es gab Fronleichnam und all diese Dinge mehr. Meinem Vater hat das weniger bedeutet, aber er respektierte es. Meine Mutter ist ein bisschen mehr bigott und der Religion gegenüber offener gewesen.

Als Historiker hat mich die unheilvolle Entwicklung, diese schwelende Auseinandersetzung zwischen Sozialdemokratie, Christlichsozialer Partei und Kirche sehr betroffen gemacht. Ich habe diese dramatische Situation des Jahres 1934, als die Kirche den Mördern der Februarkämpfe ihren Segen erteilte, noch im Hinterkopf. Das war beklemmend und umso beeindruckender war für mich, dass Kardinal Innitzer nach 1945 sein Bedauern darüber ausdrückte.

Kardinal König war der große Mann der Versöhnung. Er betonte, dass keine Partei einen Anspruch auf die katholische Kirche besitze, was meine Freunde in der ÖVP, die auf diesem Trittbrett immer gefahren sind, natürlich nicht gefreut hat. Heute ist das nicht mehr so attraktiv, auf diesem Trittbrett zu fahren, aber noch vor fünfundzwanzig und dreißig Jahren war das so.

Ich kann mich auch noch gut erinnern, dass ich immer Schwierigkeiten mit dem Grüßen hatte. Mein Vater hat von mir verlangt, dass ich „Grüß Gott" sage. Mit „Grüß Gott" bin ich erzogen worden. Ich grüße heute noch aus Gewohnheit mit „Grüß Gott", das ist sozusagen ein unbedingter Reflex, das fällt auf. Während der Hitler-Zeit mussten wir natürlich „Heil Hitler" sagen. Mir ist das oft passiert, auch beim Betreten irgendeiner Veranstaltung, bei der Hitlerjugend anwesend war, dass ich „Grüß Gott" gesagt habe. Die erste Reaktion war immer: „Dreißig Liegestütz'!"

Trotzdem ist es mir immer wieder passiert. Nicht aus Heldentum, sondern weil ich gar nicht anders konnte. Und dasselbe erlebte ich nach dem Krieg. In der Sozialdemokratie war noch dieses Misstrauen gegen die Kirche als die Mutter der Christlichsozialen Partei der 30er-Jahre verankert. Und auch da sagte ich „Grüß Gott", ebenso als Mitglied des Sozialistischen Lehrervereines. Die haben mich immer alle angesehen wie einen Boten vom anderen Stern.

Man hatte damals Ersatzgrüße. Der Paradegruß der Kommunisten war „Freiheit!", die Sozialisten haben „Freundschaft!" gesagt. Ein Ersatzgruß war „Grüß Sie". Das war neutraler als „Freundschaft". Das habe ich nie so richtig verstanden. Heute heißt das „Hallo!".

Deshalb habe ich vom ersten Augenblick an Bewunderung gehabt für alle, die Versöhnung gesucht haben. Da hat es ja viele gegeben, beispielsweise Günther Nenning, Norbert Leser und dann wieder der spätere Innenminister und Zentralsekretär der SPÖ, Karl Blecha. In diesem Geist sind wir schrittweise weiter gekommen. Und das war gut und richtig so.

Teddy Kollek

Die Versöhnung mit den Juden und das Bemühen, Wien wieder zu einer beliebten Heimatstadt für jüdische Zuwanderer und Flüchtlinge zu machen, zeichnete schon alle meine Vorgänger aus. Auch ich habe es als besondere Aufgabe gesehen, Einrichtungen wie das Jewish Welcome Service, zahlreiche Aktivitäten der Gesundheits- und Volksbildungspflege sowie Schulen und jüdische Vereine zu unterstützen. Die Gründung eines Jüdischen Museums hatte ich 1986 spontan bei der Eröffnung der großen Wien-Ausstellung in New York angekündigt und 1988 im Stadttempel – anlässlich des 50-Jahr-Gedenkens der sogenannten „Reichskristallnacht" – endgültig zugesagt. 1993 konnte ich als Bürgermeister von Wien das Jüdische Museum eröffnen.

Auch das Jüdische Gymnasium haben wir während meiner Amtszeit als Unterrichtsminister wieder aufgebaut. In meiner Zeit als Bürgermeister haben die ersten Klassen dort maturiert.

Der Bogen reichte bis hin zu Feiern und Hochzeiten im Wiener Rathaus. Eine Feier war Teddy Kollek gewidmet, nachdem es gelungen war, ihn mit seiner Vaterstadt wieder zu versöhnen.

Mein diesbezüglicher Ratgeber war Kurt Scholz, der spätere Präsident des Stadtschulrates von Wien, heute Bereichsleiter für Restitutionsangelegenheiten. Er drängte, dem langjährigen Bürgermeister von Jerusalem einen Brief zu schreiben mit der Bitte, doch wieder einmal nach Wien zu kommen.

Damit begann ein langer Briefwechsel, seine Ablehnung war jeweils durchaus freundlich. Erst nach jahrelangen „vertrauensbildenden Maßnahmen" lud Teddy Kollek mich eines Tages nach Israel ein. Damals war die Waldheim-Zeit, und ich flog 1988 gemeinsam mit Kurt Scholz und einer großen Delegation tatsächlich nach Israel, Jahre bevor Franz Vranitzky, sehr verdienstvoll, vor der Knesseth sprach und ebenfalls die Versöhnung einleitete.

Eine große Sorge vor unserem Besuch war die Frage des Gastgeschenkes. Es sollte nicht so sehr einen Wert, sondern vielmehr Herz haben. Kurt Scholz hatte die grandiose Idee, die Meldezettel der Familie Kollek, die in den zwanziger Jahren hier gewohnt hatte und innerhalb von Wien mehrfach übersiedelt war, ausheben zu lassen. Die Wiener Bürokratie überlebt ja bekanntlich auch Diktaturen, und tatsächlich haben wir alle Meldezettel des Teddy Kollek gefunden, unter anderem eine Anmeldung für die Weinbauschule am Cobenzl. Teddys Vater hatte immer gesagt: „Es können nicht alle Juden, die nach Israel gehen, Banker, Rechtsanwälte und Kaufleute sein." Also schickte er seinen Sohn auf die Weinbauschule. Wir sind dann den Cobenzl hinaufgefahren und haben vom dortigen Weingut einige Kisten Wein für ihn gekauft.

Unsere Begegnung war dann so etwas wie Liebe auf den ersten Blick. Der große alte Mann umarmte mich und weinte. Obwohl sich Teddy Kollek mit einem Gegenbesuch in Wien Zeit ließ und auch die von mir angebotene Ehrenbürgerschaft nicht sofort annehmen wollte, war der Bürgermeister von Jerusalem bis zu seinem Tod ein großer Freund Wiens. Das Eis war gebrochen. Wir hatten den vertriebenen großen Mann heimgeholt.

Seinen 90. Geburtstag feierte ich noch mit ihm und seiner Frau in Jerusalem. Bei dieser Gelegenheit durfte ich Teddy Kollek endlich die von mir beantragte und von meinem Nachfolger Michael Häupl bewirkte Ehrenbürgerschaft von Wien überreichen.

Als er am 2. Jänner 2007 starb, habe ich geweint. Je älter ich werde, desto begreifbarer wird mit jedem Todesfall in meiner Umgebung die eigene Endlichkeit.

Genussmensch

Auf die Frage, was meine Henkersmahlzeit wäre, hätte ich mehrere Antworten. G'röstete Knödel mit Gurkensalat. Erdäpfelgulasch. Backhendl. Aber wahrscheinlich würde ich mich für Eiernockerln mit Häuptelsalat entscheiden. Dafür lasse ich auch das allerfeinste Kalbswienerschnitzel stehen. Diese Eiernockerl habe ich jahrelang bei meinem Lieblingswirt Gustl Bauer bekommen. Dem Besitzer ist es eine Zeitlang schlecht gegangen, aber jetzt ist er wieder über dem Berg.

Ich bin ein Genussmensch. Das hat auch viel mit meiner Kindheit zu tun. Einerseits war Bescheidenheit unsere Devise, aber andererseits hat mein Vater zeitweise auch sehr gut verdient, und es wurde immer gut gekocht. Zwei Mal pro Woche hat es Fleisch gegeben, allerdings nur Kalb- und Rindfleisch, kein Geflügel, kein Wild, keinen Fisch. Davor hat meiner Mutter geekelt.

Sie konnte ganz hervorragend kochen. Ich erinnere mich noch gut an ihren Rindslungenbraten in Rotweinsauce. Das habe ich später nie mehr so bekommen. Ich wollte dazu einen Erdäpfel-Mayonnaisesalat. Das hat überhaupt nicht gepasst. Aber weil ich es wollte, hat meine Mutter das gemacht.

Mein Vater hat gern Fisch gegessen. Weil meine Mutter das nicht gekocht hat, ist er oft heimlich mit mir zum Fischgeschäft gegangen und hat für uns gebackenen Seefisch gekauft. Man hat das immer gerochen, wenn wir nach Hause gekommen sind.

Ich hatte schon als Kind die Funktion des Einkäufers. Meine Mutter hat während des Krieges die Lebensmittelkarten immer mir überlassen. Ich war der Einzige, der sich mit den Marken ausgekannt hat.

Heute kaufen Dagmar und ich eigentlich alles beim Meinl am Graben. Das ist so praktisch, da müssen wir nur hinübermarschieren, die packen alles ein, ein wunderbares Geschäft.

Ich kaufe für mein Leben gern zum Essen ein. Ich gehe sogar einkaufen, wenn ich gar keinen Hunger oder Gusto habe, einfach weil ich das Einkaufen liebe. Ich kaufe auch immer viel zu viel. Dann komme ich bepackt nach Hause und Dagmar jammert: „Ja, wer soll denn das alles essen?"

Ich bin jemand, der sich über besonders schöne Äpfel oder über Orangen, aus denen der Saft spritzt, wahnsinnig freuen kann. Ich esse eben gerne.

Dagmar erzählt oft, dass ich auf jeder Reise, egal wohin auf der Welt wir geflogen sind, schon beim Einsteigen in den Flieger gewusst habe, wo ich essen gehen will, wenn wir ankommen.

Einmal waren wir Mittagessen im schönsten Restaurant von ganz Paris. Die vielen Gänge haben bis um fünf Uhr Nachmittag gedauert, die Dagmar konnte schon kein Essen mehr sehen. Sie musste ja ein Leben lang schlank bleiben, zuerst aus tänzerischen Gründen und später, weil sie den Ehrgeiz hatte, ihre Bühnenkostüme nicht ändern lassen zu müssen. Aber als wir dann aus diesem Gourmet-Tempel weggegangen sind, bin ich schon beim nächsten Schaufenster wieder stehen geblieben und habe voll Inbrunst und Genuss die schönen Senfgläser und Gänselebertöpfchen betrachtet.

In Portugal kaufe ich noch viel mehr ein als in Paris oder in Wien. Dort ist der Kühlschrank immer bis oben hin gefüllt. Da haben wir Gott sei Dank ganz viele Leute, die immer zu uns essen kommen. Die Dagmar sagt dann immer: „Helmut, wir sind nicht vierzig Leute, wir sind nur zwei!"

Ich glaube, ich bin auch ein großzügiger Mensch. Das hat sicher damit zu tun, dass ich nie arm war. Und arm war ich nie, weil ich Tag und Nacht gearbeitet habe. Deshalb konnte ich meine Frau im Lauf der Jahre immer wieder mit Schmuckstücken verwöhnen. Wenn Dagmar meinen lockeren Umgang mit Geld kritisiert, antworte ich ihr immer mit dem alten Satz: „Das letzte Hemd hat keine Taschen ..."

Die Sex-Lüge

Dagmar und ich sind zusammengewachsen. Unsere Liebe bereitet mir manchmal Schmerzen, gelegentlich im wörtlichen Sinn. Wenn ihr etwas weh tut, dann spüre ich das. Wenn ich Schmerzen habe, leidet sie. Doch das ist dann wieder so ein schönes Gefühl von zunehmender Liebe, dass wir tief empfinden. Und diese Liebe verändert sich natürlich im Alter. Der rauschende Sex hält nicht ewig, irgendwann wird die körperliche Liebe zur Gewohnheit und schläft ein. Und dann stürzen sich Männer und Frauen in immer neue Abenteuer, ersetzen ihre Partner durch jüngere Exemplare, aber in Wahrheit ist es eine Flucht vor der Realität. Darum wird heute auch jede zweite Ehe geschieden.

Und bei vielen erstickt die Liebe, weil sie nicht ehrlich sind. Es gehört zu den größten Lebenslügen von heute, den Leuten einzureden, sie müssten mit 70 noch mehrmals die Woche sexuellen Verkehr haben! Das ist ja alles Unsinn. Man muss den Menschen die Wahrheit sagen. Man muss ihnen sagen, dass am Beginn einer Beziehung die Leidenschaft steht. Wenn es am Beginn keinen guten Sex gibt, dann hält die Ehe auch nicht lange. Aber gleichzeitig muss man ihnen auch sagen, dass es Abnützungserscheinungen gibt. Und es hat noch keine Ehe gerettet, wenn Männer ein blaues Pülverchen schlucken und glauben, dann geht's wieder. Wahr ist vielmehr, dass trotz Viagra die Zahl der gescheiterten Ehen radikal zunimmt.

Im Grunde genommen habe ich nur ausgesprochen, was sich viele nicht zu sagen trauen. Es wird doch nur gelogen rund um den berühmten Alterssex.

Wir sind oft gefragt worden, wie wir unsere Liebe durch all die Jahrzehnte frisch gehalten haben: Durch beständige Zuneigung, durch Aufmerksamkeit, durch Respekt.

Wichtig ist, dass noch etwas anderes da ist, wenn die sexuellen Gefühle nachlassen. Zärtlichkeit, Liebe, Zusammengehörigkeitsgefühl. Das Erkennen, dass ein Zusammenleben viele Dimensionen hat. Und wer die nicht ausschöpft, der wird sich im grauen Alltag auseinanderleben.

Zärtlichkeit im Alter ist überhaupt das Schönste. Ich mag es, wenn ich ganz alte Leute sehe, die sich noch gern berühren. Nicht dieses lächerliche Händchenhalten des amerikanischen Präsidenten mit seiner Frau. Nein: Streicheleinheiten, Blicke der Zuneigung, Kuscheln, obwohl das ein scheußliches Piefkewort ist.

Gemeinsam unter einer Bettdecke zu liegen und eine Fernsehsendung zu sehen ist etwas Wunderbares. Da muss sich gar nichts abspielen. Da kann sich was abspielen, vorher oder nachher, aber es muss nicht sein. Zärtlichkeit ist überhaupt das Wichtigste, das es im Leben gibt.

Also ich bin sehr zärtlichkeitsbedürftig, wenn meine Frau nach Hause kommt. Wenn sie mich beim Kopf nimmt und meine Ohren berührt und mir so den Nacken hinunterstreicht, da mögen jetzt einige dumm lachen, aber da habe ich das Gefühl, nicht nur ein Dach über dem Kopf, sondern auch ein seelisches Zuhause zu haben. Daheim zu sein.

Ich erinnere mich manchmal an meine jugendlichen Streifzüge durch das Wiener Nachtleben. In die Eden Bar kam immer ein berühmter Mann, ich glaube, er war der Vorstand des Taxi-Gremiums. Mit seinen stolzen sechzig ist er jede Woche mit einem anderen Mädchen erschienen, die waren meistens achtzehn, neunzehn Jahre alt. Wir haben diesen alten Deppen ausgelacht. Ein solcher Dummkopf, der glaubt, dass er sich mit einem jungen Mädchen an seiner Seite die Jugend zurückkaufen kann.

Ich habe mir schon damals vorgenommen: So darfst du nicht alt werden.

131

Die Bombe

Dass ich mir vom entsetzlichsten Moment meines Lebens einmal die witzigen Details merken würde, hätte ich nie gedacht. Aber so ist es. Vielleicht ein Schutzmechanismus. Vielleicht lindert der Humor den Schrecken, vielleicht stimmt das Lächeln, das diese Erinnerungen hervorruft, im Innersten versöhnlich.

Wir kamen an jenem Sonntagabend im Dezember 1993 aus Zürich zurück. Ich mache niemandem einen Vorwurf, nur mir selber. Es wurden ja schon vorher Briefbomben verschickt, und da habe ich zu Dagmar gesagt: „Du versprichst mir, dass du keinen Brief mehr aufmachst!" Und an diesem Tag öffnete ich selber einen. Ich hätte mich nur daran halten müssen, was ich zu ihr gesagt habe.

Als die Bombe in meiner Hand explodierte, hatte ich schon den Schlafrock an. Ich wollte in meinem Corbusier-Sessel die Nachrichten um 19.30 Uhr anschauen. Neben mir hatte ich meinen Terminkalender liegen und eine Mappe mit ein, zwei Briefen, die ich im Auto noch nicht geöffnet hatte. So nebenbei habe ich mit der linken Hand diese Briefe gehalten und mit dem rechten Daumen aufgeschlitzt. Als ich das eine Kuvert öffnete, wusste ich instinktiv alles. Aber da war es schon zu spät. Eine Explosion, ein Riesenknall. Ich dachte, ich wäre blind.

Das Blut ist in einem Strahl herausgeschossen. Ich lief ins Badezimmer, weil ich Angst hatte, die Wohnung zu versauen. Ich schrie: „Oh Gott, oh Gott!" Und noch lauter: „Dagmar! Einen Arzt! Ruf sofort einen Arzt!"

Wir waren beide so paralysiert, dass wir die Nummer der Rettung nicht gefunden haben. Dem Bürgermeister von Wien fällt die Nummer der Rettung nicht ein! Vom roten Bürgermeistertelefon hat Dagmar unseren Freund Walter Stackl angerufen. Er ist Arzt und rief die Rettung.

Ich versuchte, mit der rechten Hand den Blutstrahl abzudrücken, das ganze Badezimmer war schon voller Blut. Ich befahl Dagmar, mir mit einem Spagat den Arm abzubinden. Erst fand sie keinen, dann war die Schere stumpf. Als sie schließlich ein passendes Stück Spagat gefunden hatte, traute sie sich nicht, mir den Unterarm fest abzubinden. „Aber Helmut, ich tu' dir doch weh!" Da schrie ich: „Dumme Gurken! Entweder bindest du mir jetzt den Arm ab oder ich werde sterben."

Als die Rettung kam, trugen sie mich mit der Bahre aus der Wohnung hinaus. Hinter mir ging meine Frau, den Mantel offen, in ihrem hellblauen Seidennachthemd, das sie sich in Zürich gekauft hatte. Über die Mitte dieses Nachthemdes hatte sie einen breiten roten Streifen. Das war mein Blut.

Ich war ja keine Minute bewusstlos, ich war völlig wach. Ich habe den Schmerz verspürt, aber durchaus erträglich. Von der Tragbahre aus habe ich Dagmar angeschaut und gesagt: „So nicht! So gehst du nicht mit! Da muss ich mich ja genieren mit dir." Sie ist also zurück und hat sich schnell Jeans und Pullover angezogen.

Der Rettungsfahrer – darüber muss ich heute noch lachen – war so nervös, dass er sich durch alle möglichen Umleitungen verfahren hat. Als wir im AKH ankamen, wartete dort bereits der Chef der Unfallchirurgie, Professor Vilmos Vécsei, auf uns, obwohl er in Mauer wohnt. Er hatte im Polizeifunk gehört, was passiert war, und sich sofort ins Auto gesetzt. Schneller als die Rettung vom Graben war er, der Herr Professor. Auch seine Kollegen, Professor Michael Zimpfer, Hanno Millesi und Professor Krepler, warteten schon. Diese beiden Geschichten fallen mir ein, wenn ich an die Bombe denke, nicht der Schmerz, nicht der Schock, nicht das Entsetzen.

Und dann ist ja noch dieses Unglaubliche geschehen, dass ein junger Mann mit seiner Freundin durch die Nacht spaziert. Am Graben ist große Aufregung, Blaulicht von allen Seiten, der Graben wird abgesperrt, er will durch. Der Mann ist aus Südafrika und es ist mein Sohn. Und so konnte er gleich mit seinem Vater mitfahren.

Ob es richtig war, in dieser Wohnung zu bleiben, in der wir täglich an das Grauen des 5. Dezember 1993 erinnert werden, darüber habe ich oft nachgedacht. Dagmar wollte ausziehen. Aber diese Wohnung hier zu verlassen, das wäre für mich nicht in Frage gekommen. Zu viele schöne Erinnerungen. Zu sehr Teil meines Lebens.

Was ich nie erzählt habe: In dieser Wohnung ist schon einmal Blut geflossen. Der Vorbesitzer hat hier seine Frau, seine Schwägerin und sich selbst erschossen.

Blut und Tränen

Viermal bin ich nach dem Attentat auf mich operiert worden. Am Anfang, als ich bei der Pressekonferenz das Kreuz in die Kameras gehalten habe, glaubte ich noch daran, dass ich meine Hand vielleicht doch behalten könnte. Ich war euphorisch, voller Energie. Die Krise kam erst nachher. Die Hand war nicht mehr zu retten. Damit die Wunde heilen konnte, musste man Hauttransplantationen vornehmen.

Zuerst verwendeten die Ärzte Haut von meinen Oberschenkeln, aber das hat nicht funktioniert. Dann haben sie den Rest meiner Hand an den Bauch genäht, damit Haut darüber wächst. Medizinisch wunderbar, aber für mich war es grauenvoll. Ich war wie gelähmt, vollkommen unbeweglich. Die Hand sollte vier Wochen im Bauch bleiben. Dann wurde mir die Hand herausoperiert. Während der Operation hatte es Komplikationen gegeben, aber davon habe ich nichts mitbekommen.

Als ich aufwachte, war mein Körper völlig geschwächt und ich habe das erste Mal gesagt: „Lasst mich in Ruhe, ich will nicht mehr." Ich hatte zwanzig Kilo weniger und war am Ende.

Da ist etwas ganz Seltsames passiert. Irgendwer hat über meine Frau gesagt: „Die hat den Zilk eh nimmer lang, der wird bald sterben." Als Dagmar das hörte, hat sie ungeahnte Kräfte entwickelt. Sie ist zu mir ins AKH gekommen und hat mir das erzählt. Unter Tränen. In diesem Moment bekam ich einen unbändigen Zorn. Das hat mir vielleicht das Leben gerettet. Mein Widerstandsgeist war endlich geweckt. Ich habe gewusst:

Ich muss etwas tun, die Dagmar braucht mich. Ich kehrte zu ihr zurück.

Die Ärzte hatten meiner Frau damals gesagt: „Wir haben alles getan, was man für ihn tun kann. Jetzt ist es Ihre Aufgabe, ihm zuzureden, dass er mithilft."

Nie werde ich vergessen, wie tapfer meine Frau in jener Zeit war. Sie hat am Morgen nach dem Anschlag in der Naglergasse eigenhändig das Blut vom Boden und von den Wänden gewaschen. Es wäre unmöglich gewesen, dafür eine Reinigungsfirma kommen zu lassen.

Noch Monate nach der Explosion hat sie Hautfetzen von meiner Hand in den Regalen gefunden. Es war ein Riesenglück, dass ich nicht aufrecht im Lehnstuhl saß, als ich den Brief mit der Bombe öffnete. Wäre ich nicht zurückgelehnt gewesen, hätte es mir auch das Gesicht weggesprengt.

So gesehen hatte ich – so komisch es auch klingen mag – Glück. Die Bombe hat mich erwischt, aber sie hat mich mit einer zerfetzten Hand trotzdem am Leben gelassen.

136

Das zweite Leben

Im hohen Alter plötzlich mit einer körperlichen Behinderung leben zu müssen, das ist natürlich ein Schnitt im Leben. Hätte ich diese Hand schon von Jugend an gehabt, so wäre sie mir wahrscheinlich nicht so fremd. Diese Hand hat mich behindert, sie hat mich aber auch reifer gemacht.

Ich habe viel gelernt: Erstens glaube ich, jeder Politiker müsste zeitweilig gehandicapped sein, damit er die Behinderten besser versteht und akzeptiert, dass Behinderte manchmal Stimmungen unterliegen, die ein Gesunder gar nicht kennen kann.

Zweitens habe ich erkannt, dass ich nicht allein bin. Ich hatte meine Frau, die mich besucht hat. Jeden Tag ist sie an meinem Krankenbett gesessen, hat abgenommen, war tapfer. Geweint hat sie nur zuhause. Ich habe mir immer gedacht: „Mein Gott, wie schrecklich wäre es, wenn du niemanden hättest. Wie schrecklich wäre es, einsam zu sein."

Und drittens: Ich habe mich zu der Überzeugung durchgerungen, dass ich nicht in die Passivrolle verfallen will. Ich hatte immer den Ehrgeiz, alles selber zu machen, trotz meiner Hand. Ich binde mir meine Krawatte, ziehe mich selber an, nur für die Schuhbänder brauche ich jemanden.

Dabei bin ich ja von Natur aus ein sehr jähzorniger Mensch. Wenn mich der Zorn packt, dann schreie ich laut. Als Kind habe ich einmal aus Zorn etwas auf den Boden geworfen. Es war ein Häferl, das ich sehr gemocht habe, und es war kaputt. Da hat mein Vater zu mir gesagt: „Jetzt schau dir das einmal an, dieses Häferl hast du so gern gehabt. Das ersetzen wir nicht, damit du weißt, wie das ist."

Seit jenem Häferl habe ich nie mehr etwas runtergeschmissen, weil es mir leidtut um die Sachen. Und weil man sich durch solche Aktionen sehr viel vergibt. Man zerstört das Bild, das man mühsam von sich aufgebaut hat. Meine Hand hat mich sicher geduldiger gemacht und meinen Jähzorn etwas gebremst.

Manchmal frage ich mich, wie das Leben verlaufen wäre, wenn mich diese Bombe nicht erwischt hätte. Ich bin überzeugt davon, dass ich dann einen anderen Zusammenbruch erlitten hätte, irgendetwas wäre passiert, was mich zur Besinnung gebracht hätte.

Meine Frau sagt, rückblickend sei ich in der Zeit vor der Bombe zum Teil unerträglich gewesen. Nervös, überspannt, gesundheitlich angeschlagen. Es hätte nicht so weiter gehen können. Der eine wird krank, der andere hat einen Herzinfarkt, und auf mich wurde eben dieses Bombenattentat verübt.

Ich bin heute ruhiger und denke viel nach. Ich bin auch gerechter als früher. Ich bemühe mich, Menschen besser zu verstehen, die nicht das Glück haben, perfekt zu sein. Ich urteile nicht mehr vorschnell, schon gar nicht über Menschen mit Behinderungen.

Ich war ja immer ein bisschen erfolgsverwöhnt, habe nach dem Motto: „Hoppla, jetzt komm' ich!" gelebt. Durch so einen Schicksalsschlag wird man demütiger. Wer in der Sonne lebt und in der Sonne steht, der wird von ihr nicht nur gebräunt, sondern gelegentlich auch verbrannt.

Ich passe auch besser auf mich auf. Dankbar bin ich meiner Mutter, dass sie mir manche kleinlich erscheinende Lebensweisheiten mitgegeben hat. Zum Beispiel: „Wenn du einmal 60 bist, dann solltest du ein paar Dinge beachten." Das mache ich wirklich. „Putz dir immer dein Sakko ab, denn Männer ab 60 haben gern Schuppen. Geh' immer gerade, weil Männer, die alt werden, krümmen dann nach vorne den Rücken. Und geh' jede Woche zum Friseur, das ist ganz wichtig, da schaust immer besser und jünger und sauberer aus." Erst habe ich gelächelt, heute sehe ich das anders.

Und dann hat sie etwas ganz Wichtiges zu mir gesagt: „Wenn du innen einen Schmerz verspürst, wenn irgendwas ist, sei ruhig ein Hypochonder, geh' sofort zum Arzt." Und gerade diesen Rat habe ich nicht befolgt.

Die Hand

Ich mag meine Hand nicht.

Die Hand schränkt mich ein. Ich hatte da ein Schlüsselerlebnis mit einem Zuckerl. Ein Wiener Zuckerl, so ein kleines Ding, das gründlicher verpackt ist als ein Postpaket. Tage nach dem Attentat hatte ich Lust auf so ein Zuckerl. Ich war allein, das kleine Ding lag auf dem Nachtkastel, und ich musste entdecken, dass ich es nicht aufmachen kann. Ich versuchte, das Packerl mit einer Hand aufzumachen. Es hat eine Viertelstunde gedauert. In diesen fünfzehn Minuten ist mir bewusst geworden: Du wirst den Rest deines Lebens mit einer Hand verbringen müssen.

Früher bin ich mit Dagmar in Portugal oft am Strand über die Felsen entlang gegangen. Das geht nicht mehr, weil mit dem Verlust der linken Hand auch das Gleichgewichtsgefühl geringer ist.

Mit dieser verletzten Hand zu leben hat mich sehr irritiert. Ich schaue immer zuerst auf die Hände eines Menschen, Hände faszinieren mich. Und dann passiert mir das. Ich wollte die Hand amputieren lassen, um mir diese schrecklichen Operationen zu ersparen, ich war ja oft besinnungslos vor Schmerz. Ich habe mir gedacht: Amputieren ist einfacher. Aber Dagmar meinte: „Nein, du bist ein Mensch, der es gewöhnt ist, mit den Händen zu sprechen." Und damit hat sie Recht gehabt.

Dieser Teil meiner Hand ist ein fixer Bestandteil meines Lebens geworden. Der Aufwand und die Schmerzen haben sich gelohnt. Meist hängt sie zwar belanglos nach unten, aber gelegentlich benutze ich sie doch. Ich kann mit dem verbliebenen kleinen Finger heute viel machen, obwohl er ganz steif ist. Ich kann ihn wie einen Schraubenzieher benützen. Wenn man sich darauf einstellt, kann man auch fast alles lernen. Heute packe ich jedes Zuckerl in Sekunden aus. Mit einer Hand und mit meinen Zähnen.

Nur eines gelingt mir nicht: Schnürschuhe zu binden. Dabei bin ich ein Mensch, der leidenschaftlich gern Schnürschuhe trägt. Das ist das einzige Demütigende. Schnürschuhe kann ich nicht mehr tragen, denn um solche Schuhe zu binden, braucht man zwei Hände.

Diese Hilflosigkeit macht mich oft wütend. Dann bricht mein Jähzorn durch. Wenn ich allein bin, leiste ich mir das auch und schreie ganz laut. Das erleichtert.

Der liebe Gott hat mir zwei Hände gegeben, so wie er mir zwei Lungenflügel und zwei Nieren gegeben hat. Aber wir können auch mit einem Lungenflügel leben, mit einer Niere. Und mit einer Hand.

Damit bin ich fertig geworden, es hat mich reifer und klüger gemacht.

Ich habe auch gelernt, die Menschen anders zu sehen. Ich bin geduldiger geworden. Wenn ich einen Fortschritt im Kampf gegen meine Ungeduld gemacht habe, gegen meine Ungerechtigkeit, gegen meinen Jähzorn, dann hat mir diese Hand sehr geholfen.

Ich hatte keine psychologische Hilfe. Der allerbeste Psychologe ist ja der nächste Mensch. Wenn man keinen hat, dann braucht man viel Hilfe. Ich hatte meine Dagmar.

Einmal habe ich mir bei einer Kreuzfahrt auch die gesunde Hand verletzt, das war schlimm. Da konnte ich beide Hände nicht mehr einsetzen. Dagmar musste mich in der Brause abschrubben wie ein Baby. Nackt abschrubben. Und dann musste sie mich rasieren.

Nun, sie ist ein temperamentvoller, ungeduldiger Mensch. Sie hat den Apparat genommen, ist über mein Gesicht drüber gefahren. Zack, zack, zack. Fertig.

Ich sagte: „Wieso fertig? Fahr einmal da drüber." Aber sie hatte genug. Wir haben dann gelacht. Mit Heiterkeit kann man's ja ertragen.

Ich verberge diese Hand – der Großteil ist ja nur noch ein Klumpen Fleisch – unter einer Handschuhkrawatte. Eine Erfindung meiner Frau, und sie musste immer vom selben Stoff sein wie meine Krawatte. Das wurde weltweit fotografiert, als Modegag. Zu Hause nehme ich diesen Handschuh ab, ich trage ihn nur, wenn ich weggehe.

Warum? Weil ich den Leuten diesen Anblick ersparen will. Wie schon gesagt: Ich mag meine Hand nicht. Aber sie ist mir angewachsen, also gehört sie zu mir.

Ohne Dagmar jedoch wäre ich mit dieser Hand vielleicht zum Menschenhasser geworden.

Gefährlicher Hass

Dass Franz Fuchs vier Jahre nach dem Attentat endlich verhaftet werden konnte, dass er sich seine beiden Hände wegsprengte, dass er zu lebenslanger Haft verurteilt wurde und sich schließlich das Leben nahm, das alles war keine Genugtuung für mich. Dieser Mensch war ein klinischer Fall, ein Psychopath, der die fixe Idee hatte, dass Ausländer den Volkscharakter des deutschen Volkes zerstören, zu dem die Österreicher nach seinem Weltbild gehörten.

Dass manche sofort gesagt haben, da stecke Jörg Haider mit der FPÖ dahinter, das war mir zu blöd. Haider kann man viel nachsagen, aber dass er den Menschen Helmut Zilk in die Luft sprengen will, ist ein Blödsinn. Ich habe immer gewusst, dass das die Tat eines Verrückten war, und damit hatte ich Recht behalten.

„Der Zilk wollte Wien zu einer slawischen Stadt machen." Das hat Franz Fuchs in den Verhören zu Protokoll gegeben. Ich habe jahrelang gekämpft für die gemeinsame Erziehung aller Kinder an unseren Schulen, und so gesehen ist die Aussage des Franz Fuchs eine Ehre für mich. Er sprach wörtlich von „Verfremdung". Was für eine zynische Beschreibung des friedlichen Zusammenlebens unterschiedlicher Menschen in einer bunten Stadt wie Wien.

Er war ein extrem rechtsfaschistischer Typ, ohne irgendein Parteigänger zu sein. Den letzten Anstoß für seine Taten gab dann, wie er dem Untersuchungsrichter gestand, ein Erlebnis mit einer Gastarbeiterin, das in jeder Weise missglückt war.

Deshalb sagte ich im Jahr darauf bei der Kundgebung am 1. Mai auf dem Rathausplatz: „Wir werden unsere Politik nicht ändern. Auch wenn man mir noch eine Bombe in die rechte Hand drückt." Ich habe damals unter zahlreichen anderen einen Drohbrief bekommen, in dem stand: „Eine Klaue ist nicht genug."

Dass sie Franz Fuchs geschnappt haben, verdanken wir der Rasterfahndung, die der spätere Innenminister Caspar von Einem lange genug verhindern wollte. Aber auch mein Freund Peter Pilz kann wettern, so lange er will. Durch diese spezielle Methode konnte man das Gebiet, in dem sich der Attentäter aufhielt, auf Leibnitz einengen. Franz Fuchs hat schließlich angesichts zweier harmloser Frauen aus Gralla die Nerven verloren. Der Fall war gelöst.

Hass hab ich gegen den Herrn Fuchs nie empfunden, einen Geistesgestörten kann man nicht hassen. Mir war nur wichtig, dass er gefasst und nie mehr auf die Menschheit losgelassen wird. Der hätte, wäre er je in Freiheit gekommen, auch mit seinen Stummeln noch Unheil angerichtet. Das erkennt man ja daran, dass er es ohne Hände fertig brachte, sich in seiner Zelle aufzuhängen.

Sein Terror und die Reaktionen darauf haben den Menschen bewusst gemacht, dass Toleranz mehr ist als ein Wort. Und dass dieser Hass gegen andere gefährlich ist. In den Jahren 1991 bis 1993 war die Ausländerhetze, auch von den Freiheitlichen, extrem. Sie ist unmittelbar danach abgerissen, und dazu mag mein Schicksal beigetragen haben, weil man gesehen hat, wohin das alles führt. Ich glaube, dass auch meine damaligen Aufrufe zu Toleranz ihren Anteil daran hatten.

Dagmar lebt noch immer in der Angst, dass wieder etwas passieren könnte. Ich bin ein Typ, den man „angreifen" kann, der auf jeden zugeht, mit allen spricht. Meine Frau kann seit jener Nacht kein Blut mehr sehen. Nur noch selten dreht sie den Fernsehapparat an, da dort so viel Brutalität gezeigt wird. Sie träumt auch davon, dass wieder Blut in unserer Wohnung fließt.

Ich träume ganz andere Sachen. Zum Beispiel, dass ich in der Schule eine Prüfung habe und nichts weiß. Und ich träume, dass ich eine Rede halten soll, auf die ich nicht vorbereitet bin. Interessant ist, dass meist Bruno Kreisky im Publikum sitzt.

Mein letztes Refugium

Den Krempel brauchen wir nicht! Das war zehn Jahre hindurch meine ehrliche Meinung zu unserem Zweitwohnsitz an der Algarve, der südlichsten Küste Portugals. Heute liebe ich dort jeden Grashalm, jede Palme, jeden Kaktus.

1984 haben wir das Haus von Ferry und Hilde Dusika übernommen. Ferry war so etwas wie ein Vater zu mir. Er hatte uns schon in den siebziger Jahren immer wieder in sein Paradies eingeladen und als er 1984 starb, stand in seinem Testament, dass er das Haus Dagmar vermacht – seine Frau behielt ein lebenslanges Wohnrecht, sie hat aber die Hitze nicht vertragen und machte so gut wie keinen Gebrauch davon.

Dagmar hat das Haus perfektionistisch ganz nach unseren Vorstellungen gestaltet. Ich sage ihr oft: „Jetzt lass' es doch gut sein!" Aber sie ist eben eine Jungfrau, bei ihr muss alles picobello sein. Klaus Löwitsch wohnte in der Nähe, auch Cliff Richard und Luis Figo sind Nachbarn von uns und Udo Jürgens hat sein Haus nicht weit weg von uns. Auch eine Hauskatze namens Moritz hat sich bei uns niedergelassen.

Wir haben viel Geld in das Haus gesteckt. Seit dem Bombenattentat gehen die Jalousien elektrisch auf und zu, das Tor öffnet sich automatisch, und es gibt praktisch keine Stufen mehr. Portugal ist zum letzten Refugium meines Lebens geworden.

Auch dort muss ich fernsehen, Zeitung lesen, telefonieren. Ich kann gar nicht anders. Aber ich werde an der Algarve auch zum leidenschaftlichen Gärtner. Ich schneide Blätter, gieße die

146

Pflanzen, grabe um. Inzwischen hat uns der Klimawandel eine Wassertemperatur von bis zu 24 Grad den ganzen Sommer hindurch beschert. Ich liebe es, im Meer zu plantschen. So entspanne ich mich am besten.

Deshalb habe ich in meinem ganzen Leben noch keine Kur gebraucht. Ich will auch gar keine Kur machen, denn krank bin ich selber, da brauche ich nicht noch die Kranken um mich herum. Ich mache auch keine Kur, weil ich es hasse, wenn ich mich nach meinem Vordermann richten muss. Disziplin, Hausordnung, das ist alles nicht meins. Ich folge auch sicher niemandem, der mir nicht nahe steht. Das war schon das Problem, als ich Golf lernen sollte. Ich mag es nicht, wenn mir jemand sagt, wie ich mich hinstellen soll. Schon in der Nazi-Zeit hatte ich mit dem blinden Gehorsam meine Probleme, das geht nicht mehr aus mir raus.

Ich bin so glücklich, dass ich von Menschen umgeben bin, die mich fordern. Das Schlimmste für mich wäre, wenn man mich irgendwo hinsetzen und bedienen würde. Ich glaube, wenn ich nicht mehr gefordert würde, dann wäre ich in drei Stunden tot.

Abschied vom Rathaus

Länger als etwa 10 Jahre sollte kein Politiker an der Spitze ein- und derselben Behörde bleiben. Diesem Grundsatz, der meiner Meinung nach auch für andere Branchen gelten sollte, wollte ich auch selber treu bleiben, weshalb ich mich 1994 entschlossen habe, auszuscheiden und nicht mehr für das Amt des Bürgermeisters zu kandidieren.

Über meine Nachfolge hatte ich schon viel früher nachzudenken begonnen, wohl wissend, dass eine Berufung nur durch die entsprechenden Gremien der Partei möglich ist. Ich dachte dabei immer an den heutigen SPÖ-Europaabgeordneten Dr. Hannes Swoboda, an den damaligen Gesundheitsstadtrat Dr. Josef Rieder, an den ehemaligen Stadtrat und Finanzminister Rudolf Edlinger und an den Umweltstadtrat Dr. Michael Häupl, alle außerordentlich gebildete, eigenwillige Persönlichkeiten mit Durchsetzungsvermögen, untadeligem Auftreten, spontaner Einsatzbereitschaft und ausgestattet mit großer Intelligenz.

Das Ereignis des Dezember 1993 hat meinen Entschluss, zum Frühjahr 1994 auszuscheiden, hinfällig gemacht und eine Verschiebung bewirkt. Ich wollte damit in erster Linie beweisen, dass ein Bombenattentat keinen Einfluss auf die Politik haben darf, gerade weil es im Hinblick auf unsere Ausländerpolitik – vor allem die gemeinsame Einschulung von ausländischen und Flüchtlingskindern in Wien – verübt worden war. Ich beschloss, bis zum Herbst 1994 zu bleiben.

Warum ich unter den vier Kandidaten im Besonderen Dr. Michael Häupl im Auge hatte, ist am besten erklärt, wenn ich eine kleine Episode erzähle.

Bald nachdem ich Stadtrat für Kultur und Bürgerdienst geworden bin, hat mich mein Vorgänger Leopold Gratz eines Tages zu einer Versammlung des Verbandes sozialistischer Studenten auf der Baumgartner Höhe geschickt – an der möglichen Bebauung der Steinhof-Gründe schieden sich damals die Geister. Ich sollte dort die Gründe der Stadt für eine Bebauung darlegen. Ich hatte mich mit der Sache zu wenig befasst, bin also zögernd in den 14. Bezirk hinausgefahren und fand dort ein kleines Grüppchen junger Leute in einer Art Geräteschuppen vor. Der Vorsitzende war ein kesser junger Mann im Ausschlaghemd. Er hielt gerade eine flammende Rede, was für ein Verbrechen es sei, die Steinhof-Gründe zu bebauen. Am nächsten Tag bin ich zum Bürgermeister gegangen und sagte ihm, dass mich diese jungen Menschen überzeugt hätten, dass sie Recht hätten und dass die Stadt Unrecht habe. Der Mann, der referiert hatte, war Dr. Häupl. Seit damals war er mir in Erinnerung geblieben. Er hatte mit seiner Überzeugungskraft einen bleibenden Eindruck bei mir hinterlassen.

Der Tag meines Abschieds war der 7. November, bekanntlich auch der Tag der Oktoberrevolution 1917 – möglicherweise ein symbolisches Datum.

Ich hatte mir vorgenommen, alles zu unternehmen, damit eine geordnete, perfekte Übergabe des Amtes stattfinden konnte. Diesen Wunsch habe ich mit meinem zweiten Ich, nämlich mit Vizebürgermeister Mayr, der ebenfalls kurz nach mir ausgeschieden ist, geteilt.

An diesem 7. November war eine Landtagssitzung. Ich hielt eine Abschiedsrede, und anschließend sprachen die Vertreter der Rathausparteien. Ich erinnere mich, dass sie mir – nach dem Motto: „Toter Indianer, guter Indianer!" – alle freundlich gesinnt waren, sogar jene, mit denen ich immer in besonderer Weise im Clinch lag, wie der damalige Abgeordnete Erhard Busek, aber auch Peter Pilz, der mir eine der schönsten Abschiedsreden gehalten hat. Dann beobachtete ich von der Galerie aus, wie Michael Häupl zu meinem Nachfolger gewählt wurde. Ich verabschiedete mich und habe diesen Saal nie mehr betreten.

Damals hatte ich mir vorgenommen, das Rathaus nur noch aufzusuchen, wenn ein echter Bedarf gegeben ist. Echter Bedarf ist dann gegeben, wenn dein Nachfolger etwas von dir will oder aber um Auszeichnungen von Bekannten oder Freunden beizuwohnen. Nachfolger haben ein Recht, dass man sie mit ihren Ideen und Überlegungen alleine lässt.

Ich kann heute ohne jede Sentimentalität am Rathaus vorbeigehen. Wann immer ich in die Zone der Sentimentalität gerate, erinnere ich mich eher an die unangenehmen Dinge. Das hilft sofort.

Tränen kommen mir nur dann, wenn ich daran denke, dass mein Freund und Mitstreiter, der Mann, dem ich verdanke, dass ich so vieles tun durfte und konnte, nämlich Vizebürgermeister Hans Mayr, in der Zwischenzeit gestorben ist.

Der Abschied vom Rathaus war natürlich in gewisser Weise auch eine Befreiung. Als ich mich ein paar Wochen später gemeinsam mit Dagmar in das Flugzeug nach Südafrika setzte, tat ich das zum ersten Mal als freier Mann. Ich habe Wien verlassen, ohne mir Sorgen zu machen.

150

Heimkehr in die Krone

Faszinierende Jahre meines Lebens waren jene im Journalismus. Das ist keine Frage, das ist eine Sucht, ein Gift, da bleibt etwas übrig. Der Journalismus ist ein Suchtgift im besten Sinn des Wortes.

1995 kehrte ich mit schlagendem Herzen zur *Krone* zurück. Ich kannte außer den großen Namen wie Roman Schliesser, Dieter Kindermann, Ernst Trost, Helmut Dimko, Richard Nimmerrichter, Eva Deissen, Michael Jeannee, Werner Urbanek und natürlich Hans Dichand sowie Bibi Dragon eigentlich niemanden. Trotzdem war es wie eine seelische Heimkehr für mich, und zwar deshalb, weil ich plötzlich wieder jenen Geruch einatmete, den ich seit meiner Kindheit nie verloren hatte: Den Geruch von Papier und Druckerschwärze. Das hat immer etwas Anziehendes für mich gehabt. Dieser ganz spezielle Geruch in der Nase gibt mir bis heute eine innere Sicherheit.

Ich hatte von Hans Dichand den Auftrag, nach Reinhard Hübl die Ombudsmann-Redaktion wieder zu übernehmen.

Wir haben in kurzer Zeit sehr viel erreicht. Uns haben zehntausende Menschen geschrieben, weil sie sich Hilfe erhofft haben. Es war einfach unfassbar. An manchen Tagen bekamen wir ganze Säcke voller Post. Wir waren richtig überfordert.

Mit den Jahren haben wir ein großes Netzwerk von Helfern, Anwälten, Steuerberatern und Ärzten aufgebaut. In jeder Dienststelle der Landesregierungen, bei Kammern und bei den

Gewerkschaften haben wir Leute, mit denen wir zusammenarbeiten und bei denen wir intervenieren können.

Es wird immer Menschen geben, die durch die Maschen des sozialen Netzes durchfallen. Deshalb wird die Einrichtung des Ombudsmannes nie überflüssig werden.

Ich habe dort bis heute ein wundervolles Team. Am Anfang war es noch Molli Bader, heute sind es Mutter und Tochter Bauer sowie Gabi Gödel, die mich „Mausibär" nennt, obwohl wir per Sie sind. Gott sei Dank glaubt angesichts meines Alters und meines Vorlebens niemand mehr, dass wir etwas miteinander haben könnten.

Die Arbeit in der Ombudsmann-Redaktion gibt mir ungeheuer viel. Zu den schönsten Erlebnissen zählt für mich bis heute die Tatsache, dass sich so viele Menschen bei mir bedanken, egal ob ich zum Fleischhacker gehe oder auf ein Fest in Ottakring. Mein Einsatz für Schwächere hat sich im Lauf der Jahrzehnte natürlich addiert. Ich habe mit der Sendung *In eigener Sache* Mitte der sechziger Jahre begonnen, Hilfestellungen zu geben. Über vierzig Jahre hinweg habe ich in verschiedenen Medien dieses eine Ziel verfolgt: Menschen zu helfen, die sich nicht zu helfen wissen. Mein Ehrgeiz ist dabei aber überhaupt nicht das Gutsein. Ich folge einem Trieb. Es ist derselbe Trieb, der mich Lehrer werden ließ, der mich den anwaltschaftlichen Journalismus wählen ließ, der mich zu einem Bürgermeister gemacht hat, der die Nähe zu den Menschen nie verloren hat.

Schlechte Eigenschaften

Ich bin ein Zwilling im schlechtesten Sinn: Vielseitig begabt, doch auch unstet in seinen Neigungen. Ich habe vieles gelernt, aber nichts so richtig gut. Ob das nun Klavier oder Ziehharmonika spielen oder Englisch war: Mir ist alles eine Spur zu leicht gefallen. Deshalb habe ich alles nur im Ansatz gelernt, ich hab's nicht ernst genug genommen.

Es heißt ja auch immer, der Zilk sei ein Ehrgeizling, ein Streber. Das stimmt, denn ich wollte immer weiterkommen. Das war meine Triebkraft im Leben: Mich nicht zufrieden zu geben, sondern immer mehr zu wollen.

Der Hauptvorwurf an mich lautet, ich sei ein Populist. Das sagen vor allem jene, die es selber nie auch nur annähernd zu einer Art Popularität gebracht haben. Auch Freunderlwirtschaft haben sie mir immer wieder vorgeworfen. Von Freunderlwirtschaft reden die, die nirgends dabei sind.

Als ich Kulturstadtrat war, schrieben manche Zeitungen, ich hätte mich zwischen meiner Liberalität und der Ideologie der *Kronen Zeitung* durchlaviert. Das hat mir die *Kronen Zeitung* insofern leicht gemacht, weil sie immer einen beachtlichen Kulturteil gehabt hat. Das unterscheidet sie von allen Boulevardzeitungen Europas, vom *Daily Mirror* bis hin zur *Bild Zeitung*. Man muss nicht immer mit dem einverstanden sein, was die *Krone* geschrieben hat.

Der Zilk sei ein Vielredner, ein Schwätzer – das ist auch eine der Charakterisierungen meiner Person. Ich habe mich immer als sprechenden Journalisten bezeichnet, nicht unbedingt als schreibenden. Sprechen fällt mir tausendmal leichter als Schreiben, ich bin ein Freisprecher. Ich halte alle meine Vorträge frei. Ich kann gar keine Rede vom Blatt lesen, da muss ich üben, üben, üben! In meinem Leben hat es Anlässe gegeben, wo ich Reden lesen musste, zum Beispiel die Regierungserklärung bei meinem Amtsantritt als Wiener Bürgermeister oder bestimmte Grundsatzreden im Gemeinderat. Auch die Eröffnungsrede für die Ausstellung *Wien im Jahre 1900* in New York haben Kurt Scholz und ich sehr bewusst Wort für Wort geschrieben. Da habe ich tagelang geübt.

Ich rede tatsächlich sehr gern und kann von mir behaupten, noch nie in meinem ganzen Leben sprachlos gewesen zu sein. Selbst als ich nach dem Bombenattentat auf der Bahre lag, habe ich Dagmar noch befohlen, sich gefälligst umzuziehen. Sie wäre doch glatt im Seidennachthemd mit ins Spital gefahren.

Ich habe mich auch immer dazu bekannt, Lehrer zu sein. Daher macht es mir auch gar nix, wenn man mich einen Oberlehrer schimpft.

Wenn wir jetzt Dagmar fragen würden, käme zu den schlechten Eigenschaften auch noch mein Jähzorn und meine Ungeduld hinzu. Ungeduldig bin ich wirklich sehr, ich mag nicht warten.

Ich stehe auch zu meinem Jähzorn. Aber der Jähzorn hält bei mir nur ein paar Minuten lang. Dann bin ich sofort wieder gut. Nachtragend bin ich nur bei gravierenden Unanständigkeiten. Selbst wenn ich mich sehr bemühe, kann ich nicht mehr als fünf Menschen aufzählen, auf die das zutrifft, und ich blicke immerhin auf achtzig Jahre zurück. Das ist doch keine so schlechte Bilanz.

Insgesamt bereue ich eigentlich nur, mir im Rausch des Erfolges nicht genügend Zeit für meine Eltern genommen zu haben – mein Vater ist 1975 gestorben, meine Mutter zehn Jahre später. Das war der Preis für meinen Beruf. Der Einzige, für den ich mir Zeit genommen habe, war mein Sohn. Die Wochenenden mit ihm waren tabuisiert, sie waren heilig.

Wenn ich einen Wunsch frei hätte, dann möchte ich ein Quäntchen von dem, was ich heute an Lebenserfahrung habe, besitzen, um alles noch einmal zu machen. Ich möchte alles wieder machen, aber besser.

Aber diese Chance bietet einem das Leben leider nicht.

Rufmord

Das Schlimmste, schrieb Dagmar in ihrem Buch *Jetzt fängt's erst richtig an*, sei für mich gar nicht das Bombenattentat gewesen, sondern die Anschuldigung, ich sei ein Spion. Tatsächlich hat mich das zu Tode getroffen.

Dass sich ein außergewöhnliches Fernsehformat, das *Stadtgespräch Wien-Prag*, einmal als Fußangel für mich erweisen sollte, hätte ich mir nie gedacht. Aber tatsächlich war es so, dass ich dafür natürlich viele Vorgespräche jenseits des Eisernen Vorhanges führen musste, mit regimetreuen und auch mit regimekritischen Rundfunkleuten und Politikern. Die Staatsorgane der damaligen Tschechoslowakei haben über all diese Gespräche Buch geführt – in einem 518-Seiten-Akt!

In der Spionage-Sprache heißt das „Abschöpfung" – ich bin von ČSSR-Agenten abgeschöpft worden. Sie haben alle meine Gesprächspartner befragt, haben meine Unterhaltungen und Telefonate abgehört und auch viele private Angelegenheiten aufgezeichnet.

Als mir Václav Havel einen hohen Orden verleihen wollte, geriet ich zwischen die Fronten einer innenpolitischen Auseinandersetzung in der Tschechoslowakei: Informationen wurden getürkt, Fehlinformationen lanciert, sodass Havel das Treffen mit mir vorerst verschob.

Es hat sich freilich bald herausgestellt, dass die Vorwürfe haltlos und ein Sammelsurium an Halbwahrheiten waren.

Mir selber kann ich höchstens den Vorwurf machen, naiv

gewesen zu sein. Jeder weiß, dass ich gern rede. Damit habe ich ja seinerzeit auch mein Geld verdient. Wie hätte ich sonst eine Sendung organisieren können wie das legendäre *Stadtgespräch*? Ich war mindestens zwanzig Mal in Prag, bis ich meine Gesprächspartner weichgeklopft hatte. Ich kann mich sogar erinnern, dass mich einmal einer dieser Leute gefragt hat, wie es Hermann Withalm, damals Generalsekretär der ÖVP, gehe. Ich habe gesagt: „Ich glaube, er hat eine Grippe." Wahrlich ein Staatsgeheimnis. Das ist dann im Geheimdienstdossier drinnen gestanden.

Der Clou ist ja, dass sich am Ende herausgestellt hat, dass das Ganze Mumpitz war. Der tschechische Präsident Havel hat das im Dezember 1998 in seiner Privatresidenz in Anwesenheit des heutigen Außenministers Fürst Schwarzenberg und im Angesicht von hunderten Reportern aus der ganzen Welt bedauert. Nach einem Handschlag und einer Umarmung war der Fall für mich erledigt.

Großartig war der spätere Ministerpräsident Václav Klaus. Er hat sich als Parlamentspräsident vor die Journalisten hingestellt und gesagt: „So, merken Sie sich eines! Helmut Zilk ist unser Freund, der beste Freund, den es gibt. Und für den stehe ich ein."

Ich fand das rührend. Ich weiß nicht, wer sich jemals schon so mutig für mich eingesetzt hat.

Mein treuer Freund und Begleiter bei dieser Prag-Mission war Eduard Harand. Der tschechischen Sprache mächtig, konnte er wesentlich zu der freundschaftlichen Atmospäre beitragen.

Eine lustige Episode, rückblickend, war auch mein „Gspusi" mit einer Tschechin. Sie war die erste Sekretärin von Jiří Pelikán, eine fesche Frau. Ich war zu der Zeit von meiner zweiten Frau getrennt, habe wieder bei meiner Mutter gelebt, aber mir war natürlich bewusst, dass es gefährlich ist, sich mit einer Tschechin einzulassen. Später wurde sie verhört. Was sie mit mir gesprochen habe? Sie sagte: „Gar nichts, denn Tschechisch konnte Helmut Zilk nicht, und mein Russisch war zu schlecht." Man penetrierte und lud sie drei Mal vor, um sie dasselbe zu fragen, bis die Verhörte das Gespräch mit dem Satz beendete: „Denken Sie einmal scharf nach, was wir gemacht haben!" Und so stand es dann im Protokoll der Staatssicherheit.

Wenig gefreut hat mich Beifall von der falschen Seite, nämlich von den unversöhnlichen Tschechenhassern, die gesagt haben: „Da sehen Sie's wieder, die falschen Böhm' …"

Ich bin Ehrenbürger von Prag und auch Ehrenbürger von Bratislava. Darauf bin ich stolz. Was damals war, habe ich aus meinem Gedächtnis gestrichen. Für mich ist diese Geschichte aus und vorbei.

Das Herz versagt

Einer unserer Traumurlaube im Royal Palm Resort auf Mauritius endete 2006 böse. Ich hatte ja seit dem Briefbombenattentat 1993 Herzbeschwerden, doch in Mauritius kamen Ohnmachtsanfälle infolge massiver Herzstörungen dazu, sodass Dagmar auf der Stelle und außer sich vor Angst mit mir nach Hause flog. Ich fand ja, es wäre nicht nötig gewesen, aber Dagmar blieb hartnäckig und hat mir dadurch vermutlich zum zweiten Mal das Leben gerettet.

Am Montag, den 13. Februar hat mein Vertrauensarzt, Professor Kurt Huber die Diagnose gestellt: degenerative Kardiomyopathie, eine schwere Erkrankung des Herzmuskels, die im Extremfall Herztransplantation bedeutet.

Am Valentinstag wurde mir im Krankenhaus Hietzing ein Herzschrittmacher besonderer Art, ein sogenannter Defibrillator, eingesetzt.

Seltsame Parallelität: In der gleichen Woche lag mein Vorgänger im Rathaus, mein Trauzeuge und alter Freund „Poldi" Gratz nach einem schweren Herzinfarkt in der Wiener Rudolfstiftung im Koma. Er hat den Kampf um sein Leben verloren. Erst als ich das Ärgste überwunden hatte, traute sich meine Frau, mir das zu sagen. Ich habe lange geweint.

Ich war damals im künstlichen Tiefschlaf. Todkrank bin ich da gelegen. Jeden Tag in der Früh kam Dagmar zu mir. Alle Ärzte sagten, das hätten sie überhaupt noch nie gesehen. So etwas Tapferes, Standhaftes und doch so Liebevolles. Stunden-

lang ist sie bei mir gesessen, obwohl ich „gar nicht mehr da"
war. Ich habe ihre Anwesenheit nicht bewusst registriert. Aber
wenn ich dazwischen manchmal wach geworden bin, habe ich
ihre Musik gehört. Obwohl mir die Schwestern Bach und Hän-
del und Mozart vorgespielt haben, ist bei mir immer nur Dagmars Stimme angekommen.

Dreieinhalb Wochen dauerte mein Tiefschlaf, die Phase des
Zurückholens allein zwei Wochen. Das war für mich belasten-
der als alles andere.

Alles Hässliche, Schreckliche habe ich in diesen Momenten
noch einmal erlebt. Du träumst zurück, wie besessen von verrückten Dingen, ein ganzes Höllenleben, das man vielleicht
irgendwann gelebt hat.

Die Erinnerung, als 1945 die Russen in unsere Wohnung
kamen und meine Ziehharmonika mitnahmen, kam plötzlich
zurück. Die Angst um meinen geliebten Vater. Ich habe das
hautnah gespürt.

Als mich ein Freund besuchte, fragte ich ihn, wer die Frau
sei, die immer bei mir sitzt. Ich habe in manchen Momenten
nicht einmal mehr gewusst, dass ich verheiratet bin. Ich habe
nur gewusst: Die Frau, die da sitzt, ist sehr lieb zu mir.

Gefühlt habe ich mich wie ein lebender Leichnam. So matt,
in einem erbärmlichen Zustand. Mehr tot als lebendig. Mit dieser übergroßen Sehnsucht, die ich schon vom Bombenattentat
kannte und die jetzt über mich kam: Die Augen zu schließen
und es gut sein zu lassen.

Lasst mich sterben

Die Ärzte versuchten alles, um mich am Leben zu erhalten. Ich war in einem erbärmlichen Zustand. Nur noch ein Rest von einem Menschen, mit einer Sauerstoffmaske auf dem Gesicht, verkabelt am ganzen Körper, ich hatte auch keine Stimme mehr. Der Zilk ohne Stimme, einfach unvorstellbar.

So elend ist es mir nach dem Bombenattentat nie gegangen wie in den Tagen, als ich aus dem künstlichen Tiefschlaf aufgewacht bin.

Plötzlich ist die ganze Sinnlosigkeit über mich gekommen. Die Sinnlosigkeit beim Gedanken daran, dass ich nur aus einem Zufall oder aber aus einem besonderen medizinischen Geschick heraus noch am Leben war. Mich überkam ein ganz tiefes Gefühl der Schwäche. Es näherte sich immer wieder ein Schlaf, den ich mit großer Sehnsucht erwartet habe. Alles in mir sagte: „Ich will nicht mehr, lasst mich sterben." Ich hatte das Gefühl, dass Sterben schön sein müsste.

In jenen Tagen hat Dagmar einen erschütternden Satz in ihr Tagebuch geschrieben: „Lieber Gott, erbarme dich meiner."

Mein Sohn ist bei mir gesessen. Ich kann mich daran nicht mehr erinnern. Aber Thomas hat berichtet, dass ich ihn um etwas gebeten hätte, das meinem Zustand ein Ende machen sollte. Das heißt, es war mehr ein Auftrag. „Das kommt überhaupt nicht in Frage", sagte mein Sohn, und ich soll sehr grantig gewesen sein.

Ich habe das erst im Fernsehen, bei Reinhold Beckmann auf

ARD, erzählt. Er ist für mich der empathischste aller deutschen Showmaster. Beckmann hat mich und meine Frau mit einer solchen Einfühlsamkeit befragt, dass mir das herausgerutscht ist.

„Dagmar", habe ich später zu meiner Frau gesagt, „ich gehe nicht noch einmal durch diese Intensivpflege, denn ich habe das vor dreizehn Jahren durchgemacht. Ich bin ein alter Mann, ich möchte mich jetzt verabschieden." Ich war nicht nur innerlich bereit zu gehen, sondern ich habe wirklich abgeschlossen gehabt.

Meine Frau hat immer meine Hand gehalten und halblaut gebetet. „Bitte tu' mir das nicht an, du musst kämpfen!" Das hat mich innerlich aufgewühlt. Ich konnte mich nicht mehr davon befreien.

Dagmar und ich reden oft über den Tod. Ich versuche immer, sie darauf einzustellen, ihr Mut zu machen und sie zu überzeugen, dass es auch ein Leben ohne mich gibt. Meistens beginnt sie dann zu weinen. Wir sind ein sonderbares Paar, wir zwei. Wir haben eine geradezu perverse Art von Liebe. Dagmar wirkt auf mich wie eine Schraube: Wenn sie mit ihrer ganzen Emotionalität ansetzt, dann erreicht sie alles bei mir ...

Sie ist eine Heldin, das war sie schon vor dreizehn Jahren, als sie mir die Hand abgebunden hat. Meine Lebensretterin, der letzte noch verbleibende Inhalt meines Lebens.

Neubeginn

Wie ein Hundertjähriger habe ich nach der Herzoperation wieder gehen gelernt. So zentimeterweise. Du bist ja total hilflos, wenn du nicht mehr gehen kannst.

Erst mit dem Wagerl. Dann allein. Dann an der Führungsstange, dann habe ich langsam die erste Stufe in Angriff genommen. Mühselig habe ich mich am Geländer hinaufgezogen, und das mit einer Hand. Ich weiß nicht, woher ich die Energie hatte. Aber auch hier muss ich sagen, war Dagmar die Triebkraft. Sie hatte alles aufgegeben, alle ihre Auftritte abgesagt, und dann ist sie bei mir gesessen. Sie ist eine unglaublich starke Frau.

Die Ärzte, die Schwestern, mein Physiotherapeut, ein ganz wundervoller Mensch, haben mich unterstützt. Wenn ich gesagt habe, dass ich auf die Toilette gehen will, sagten die Schwestern nicht: „Das können Sie nicht!", sondern sie meinten: „Na, probieren Sie's!" Und so erlebte ich jeden Tag drei Mal eine Enttäuschung. Einmal bin ich in der Nacht aufgestanden, war schon am Gang, und konnte plötzlich nicht mehr weiter. Ich dachte vor lauter Feuereifer, dass ich schon viel weiter wäre, und musste um Hilfe rufen.

Und als ich eines Tages wieder einmal mit dem Wagerl gegangen bin, dachte ich mir: Du musst dir ein Ziel setzen! Und da ist mir eingefallen, dass am 26. Mai die Mitgliederversammlung des Trägervereins der Wiener Städtischen ist. Dort wollte ich trotz aller Bedenken meines Arztes Prof. Huber unbedingt hin. Dieses Ziel hatte ich gedanklich Tag

163

und Nacht vor Augen, das hat mir eine ungeheure Antriebs-
kraft gegeben.

Ich habe gewusst: Die Behandlung ist eine gute, die Pflege ist
eine gute, die Physiotherapie ist eine gute, also konnte ich auch
das Risiko eingehen, mich vielleicht selbst zu überfordern.

Und ich bin zur Generalversammlung gegangen. Ich bin
nicht geschoben worden, ich habe kein Wagerl dazu gebraucht,
ich bin gegangen.

Das war natürlich ein Bombenerfolg. Alle haben geklatscht,
so als wäre Helmut Zilk vom Tode auferstanden.

Drei Wochen Tatzmannsdorf wären jetzt gut, meinten die
Ärzte, eine Kur. Das klang für mich wie eine gefährliche Drohung. Ich habe gesagt: „Ich habe ein anderes Ziel. Ich will wieder an die Algarve fahren." Was völlig ausgeschlossen schien,
doch darauf habe ich hingearbeitet. Und ich bin tatsächlich am
3. Juli 2006 wieder nach Portugal gefahren, in mein letztes
Refugium.

Blutwaschmaschin'

Seit meinem Herzversagen muss ich dreimal pro Woche zur Dialyse ins Wiener Wilhelminenspital. Die Kontrastmittel bei der Herzoperation haben meine Nieren total zerstört. Mein Lebensplan richtet sich nach der Dialyse, meine Termine, meine Theaterbesuche, meine Freizeit. Alles wird rund um die Dialyse herum organisiert. Auch wenn ich in Portugal bin, muss ich zur Dialyse.

Jeden Dienstag, Donnerstag und Samstag liege ich neben der Blutwaschmaschin', wie ich sie nenne, und lese Zeitung. Dreieinhalb Stunden dauert eine Dialyse. Da hörst du nur die trägen Pumpbewegungen und kannst beobachten, wie dein Blut auf die Reise geschickt wird, im Schläucherl von dir weg, durch die Waschmaschin' und wieder zurück.

Die Stunden, die ich dort liege, sind lang. Das nütze ich, um meine Lieblingsmagazine zu lesen. Am Dienstag den *Spiegel,* das dauert zwei Stunden, am Donnerstag den *Stern,* das schaffe ich in weniger als zwei Stunden. Da löse ich auch das Kreuzworträtsel. Und am Samstag lese ich das neue *Profil*, auch das *Format* nehme ich mir am Samstag mit ins Spital.

Oft habe ich auch Tage, an denen ich plötzlich erschlagen bin. Da kann ich gar nicht lesen, da nicke ich ein. Ich bekomme auch viel Besuch. Das verkürzt mir die Stunden enorm. Wenn mich jemand sehen will, dann kommt er am besten am Dienstag, Donnerstag oder Samstag Nachmittag ins Wilhelminenspital.

Ich darf, seit ich Dialyse-Patient bin, auch nicht mehr so viel trinken. Höchstens einen Liter Flüssigkeit pro Tag, damit kommt man fast nicht aus. Durst ist viel ärger als Hunger. Ich trinke gern kalte Milch. Wenn ich schon über dem Soll bin, dann trinke ich die Milch schluckweise. Man kann den Genuss hinauszögern, ein Schluckerl trinken, dann wieder wegstellen. Aus Rücksicht auf mein Herz muss ich auch aufpassen, dass ich nicht zu viel Kalium zu mir nehme. Das glaubt man nicht, wo überall Kalium drin ist! Von der Schokolade angefangen über Kirschen und Mehlspeisen bis hin zu Eiernockerln.

Die Dialyse und ihre Konsequenzen sind für mich schon ganz normal. Ich hadere nicht mit meinem Schicksal. Ich bin felsenfest davon überzeugt, dass Menschen, die im Mittelpunkt des Glücks stehen, auch vor die schwersten Prüfungen gestellt werden. Es gibt keinen, dem die Bäume in den Himmel wachsen. Jeder kommt irgendwann, irgendwie einmal dran.

Und während ich so bei der Dialyse liege, kommt auch immer wieder dieses Gefühl, dass die Medizin stärker ist als mein Körper. Ich lebe ein geborgtes Leben. Wenn es diese „Waschmaschine" nicht gäbe, dann hätte ich keine Überlebenschance mehr.

Das ist ein Gedanke, der nicht leicht zu ertragen ist. Er macht mich dankbar und demütig. Aber sicher nicht heiterer.

Manchmal frage ich mich auch, was gewesen wäre, wenn das Schicksal mich nicht auserwählt hätte, wenn die Bombe mich nicht erwischt hätte, wenn mein Herz nicht versagt hätte. Ich glaube, dann wäre etwas anderes passiert. Es hätte etwas passieren müssen. Denn in der Zeit vor der Bombe war ich in einem fürchterlichen Zustand. Gestresst, gehetzt, ich habe ungesund gelebt. Dagmar hat oft gesagt: „So kann es nicht weitergehen."

Hinter mir lagen kraftraubende Ausländerwahlkämpfe, bei denen ich allein auf einsamer Flur gekämpft habe, das hat mich sehr mitgenommen. Das war eine ganz schwere Zeit, da war ich sehr allein, vor allem politisch. Unterstützt hat mich von den Spitzenpolitikern der eigenen Partei eigentlich nur Hans Mayr. Ich hatte mich damals über alle Maßen verausgabt.

Wenn man so will, dann hat mir das Schicksal einen neuen Weg gewiesen.

Arbeit ist mein Leben

Oft werde ich gefragt, warum ich nach der letzten Operation nicht mit meinem Arbeitsleben Schluss gemacht habe. Das hätte ich nicht können. Ich liebe meinen Job bei der Wiener Städtischen, wo ich seit vierundzwanzig Jahren Aufsichtsratsvorsitzender bin. Und ich bin mit Leib und Seele Ombudsmann der *Kronen Zeitung*.

Ich glaube, der Mensch soll arbeiten, solange es geht, das ist das Schönste. Es ist die beste Freizeitgestaltung und die gesündeste. Für mich ist Arbeit nicht anstrengend, für mich wäre das Gegenteil anstrengend: Nichts mehr zu tun zu haben.

Ich brauche diesen Rhythmus, das ist für mich auch eine Art Therapie. Außerdem suche ich Gesellschaft. Ich bewege mich gern unter Menschen und war nie ein isoliertes Lebewesen.

Deshalb habe ich zugestimmt, als mich der damalige Bundeskanzler Wolfgang Schüssel am 15. September 2003 gefragt hat, ob ich die Bundesherr-Reformkommission leite. Ich bin zu Michael Häupl gegangen und habe ihn um seine Zustimmung gebeten. Auch bei Alfred Gusenbauer hatte ich einen Termin. Ohne ihr „Ja" hätte ich es nicht gemacht. Da die Bundesregierung will, dass wir alle länger arbeiten, habe ich zugesagt. Karotten züchten oder Kirschen pflücken wäre nicht meins. So lange ich mir noch alle Telefonnummern merke, die ich brauche, immerhin ein paar Dutzend, bin ich auch in der Lage, diese Kommission zu führen. Ich freue mich, dass in dieser Kommission, einmalig für Österreich, die Vertreter der Parteien, Kammern, Gewerkschaften, alle im Geiste einer echten Concordia erfolgreich zusammengearbeitet haben.

Auch als TV-Gastgeber für Lebenskünstler aller Art fühle ich mich nach wie vor in meinem Element. Für Herbst 2007 hat die Frauenrechtlerin Alice Schwarzer ihr Kommen zugesagt. Auch der kalifornische Gouverneur Arnold Schwarzenegger hat mir versprochen, in die Sendung zu kommen, nur ist das bislang leider am Termin gescheitert.

Aber ich kann dieses dritte Leben, das mir der liebe Gott geschenkt hat, auch genießen. Ich liebe es, am Abend vor dem Fernseher zu sitzen und durch tausend Kanäle zu zappen. Daneben kann ich telefonieren und Zeitung lesen, alles gleichzeitig. Das ist eine Kunst, die fast nur Zwillinge beherrschen.

Am liebsten mag ich die Teleshopping-Kanäle. Wenn sie da die Gurken oben in den Entsafter stecken und, zawumm, unten der Saft rausspritzt, das gefällt mir! Dann bestelle ich diese Wundermaschinen auch immer gleich. Dagmar schimpft dann, wenn der Briefträger wieder so große Schachteln bringt. Die schenken dir ja meistens eine zweite Maschine dazu, wenn du ihnen eine abkaufst. Wenn das Zeug dann da ist, interessiert es mich eigentlich gar nicht mehr. Ja, ich bin ein treuer Teleshop-Kunde. Milchschäumer, Küchenmaschinen, Messerblocks, alles habe ich schon erworben. Gern schaue ich auch Kochsendungen an. Man kann ja heutzutage keinen Sender mehr einschalten, wo nicht gekocht wird.

Ich bin bis heute ein Fernsehfreak geblieben. Wenn ich um sieben Uhr in der Früh die Augen aufmache, drehe ich sofort das Fernsehgerät an, um irgendwo Nachrichten zu sehen. Erst dann bin ich wach.

Ich schlafe im Nachthemd, sehr altmodisch. Als junger Mann habe ich aus modischen Gründen versucht, Pyjama zu tragen, aber ich konnte damit nicht schlafen. Ich fühle mich beengt und gefesselt.

Im Nachthemd stürze ich hinaus in die Küche, hole mir ein Kefir mit Obst, sonst nichts. Im Badezimmer geht bei mir alles sehr schnell. Während ich den Kefir schlürfe, läuft das Badewasser hinein und ich brauche zehn Minuten. Rasiert wird im Schlafzimmer, weil ich da gleichzeitig fernsehen kann.

Dann ziehe ich mich langsam und gemütlich an, je nachdem, ob ich es eilig habe oder nicht. Früher war ich meistens um acht im Büro und ich bin schon um sechs aufgestanden. Jetzt stehe ich so um sieben herum auf und gehe meistens erst so zwischen neun und halb zehn außer Haus.

Mein Leben ist gemütlicher geworden. Aber nicht weniger ausgefüllt.

170

Gemeinsam alt werden

Das Stärkste an Dagmar ist ihr Gesicht. Es ist ein Gesicht, das dem Alter entspricht und nicht ein gekleistertes. Es ist die Summe dessen, was sie erlebt hat. Ich liebe dieses Gesicht.

Manchmal steht sie morgens vor dem Spiegel und jammert mich an. Wahrscheinlich ist es kein Trost für sie, wenn ich ganz pragmatisch feststelle: „Wir werden eben alle älter!"

Dann stellen wir uns gemeinsam vor den Spiegel und stellen hier noch eine Falte fest und dort noch eine. Die gehören dazu. Ich liebe Dagmar auch dafür, dass sie sich heute noch das Gesicht mit Wasser und Seife wäscht und die selbstgemischten Cremen aus der Apotheke verwendet, dass sie auf den Kosmetikschwindel der Zeit nicht hereinfällt und sich eben nicht von den Chirurgen verunstalten lassen will. Durch unermüdliche Arbeit an sich selbst, ihre tägliche Gymnastik, ist es ihr gelungen, das Alter zu überlisten.

Dagmar nennt mich „Mucki". Und ich nenne sie „Mutzi". Wenn sie in meinen Augen besonders attraktiv ist, sage ich auch „Weltkatze" zu ihr.

Das mögen manche kitschig finden, für uns ist es pure Zärtlichkeit. Die menschliche Beziehung gewinnt ja an Gewicht, wenn man älter wird. Man spürt, wie dringend man diese menschliche Beziehung braucht. Man spürt, dass man eigentlich gar nichts anderes mehr braucht.

Durch unseren Altersunterschied von zwölf Jahren kommt es zu dem merkwürdigen Empfinden, dass ich immer weiter von ihr weg bin. Ich komme mir alt vor und ich empfinde sie als so jung. Dadurch habe ich eine vollkommen neue Beziehung zu ihr bekommen.

Früher war es mir wichtig, wenn sie gesagt hat, in dieser Sendung warst du gut, in der Politik warst du gut, als Bürgermeister warst du gut. Heute geht es nur noch um sie. Alles andere ist vollkommen unbedeutend.

Heute gibt es ja immer weniger Paare, die miteinander alt werden. Gerade die Männer haben in meinem Alter schon die fünfte Begleiterin und irgendwann sehen die Frauen an ihrer Seite aus wie ihre Nichten oder Enkeltöchter.

Wir sind fast vierzig Jahre zusammen, und dieses Beisammensein ist eigentlich immer schöner geworden.

Das heißt nicht, dass wir rund um die Uhr zusammenpicken. Es gibt ja einen schönen buddhistischen Spruch, der heißt: „Fürchte nicht die Einsamkeit, sie ist ein wichtiger Begleiter, um mit dir selber Freundschaft zu schließen." Das ist richtig. Es macht aber nur dann Sinn, wenn man zum Ausgleich unter Menschen lebt.

Jeder von uns hat das Recht, sich zurückzuziehen und einsam zu sein. Gelegentlich sind wir auch müde, seelisch müde, und dann ziehen wir uns zurück. Aber das Schöne ist, dass am Ende der Einsamkeit doch wieder der Partner steht.

Wir sind auch großzügiger miteinander geworden. Die Bereitschaft und Fähigkeit zur Versöhnung hat zugenommen. Obwohl wir bis heute gern streiten.

Ich bin ja im Grunde ein sehr rechthaberischer, dominanter Mensch. Und dagegen wehrt sie sich natürlich. In Wahrheit ist sie viel stärker als ich.

Wir sind aber beide jähzornig. Wenn wir schreien, dann ist das ein Wettkampf der Stimmen. Ihre Stimme ist ja bekannt. Aber mein sonoriger Bass ist auch nicht ohne.

Anschließend schmollen wir beide. Der, der von uns beiden das schlechtere Gewissen hat, gibt dann nach, meist schon nach wenigen Minuten.

Doch im Alter hat man immer weniger Lust zu streiten.

Noch eine Komponente kommt dazu, wenn man gemeinsam alt wird: Einerseits diese ungeheure Palette der Gefühle und andererseits die Fähigkeit des Denkens, des reflektierenden Denkens.

Kant spricht von der „normativen Ethik", also vom „Handeln aus Pflicht". Insofern hängt Liebe letztendlich auch von einem Pflichtgefühl ab. Vom Verstand, der weiß, dass es nicht nur angenehm, sondern auch richtig ist zu lieben.

Der 80. Geburtstag

1927 war kein schlechter Jahrgang. Hugo Portisch, Harry Bela-
fonte, Joachim Fuchsberger, Hans-Dietrich Genscher, Martin
Walser, Ken Russell, Gina Lollobrigida, Peter Falk, Günther
Grass, Roger Moore, der thailändische König, der Papst, alle 80!
Da bin ich in bester Gesellschaft.

Ich erinnere mich noch an meinen Siebziger. Da gab es ein
wunderbares Fest der ganzen Stadt. Ich war nach zehn Tagen
des Feierns krankenhausreif. Es war anstrengend, aber es war
herrlich. Man kann nicht zweimal im gleichen Strom baden,
haben die alten Griechen gesagt. Deshalb habe ich mir zum
80er keine großen Feierlichkeiten gewünscht.

Der Wendepunkt kam schon mit 75. Ab diesem Zeitpunkt
hatte ich das Gefühl, jetzt geht es dem hohen Alter zu. Den
75er habe ich mit Dagmar in Paris gefeiert, der Stadt, in die
wir schon vorher oft heimlich gefahren sind. Wir haben
Plätze und Gassen entdeckt und Orte aufgesucht, an die wir
uns erinnern, das eine oder andere Lokal gesucht und gefunden.

Wir versuchen, mit dem Älterwerden bewusst, ehrlich,
unverdrossen und kämpferisch umzugehen. Natürlich spüre
ich, dass ich die Spannkraft nicht mehr habe. Früher habe ich
locker zehn Stunden mit Volldampf gearbeitet, das traue ich mir
jetzt nicht mehr zu. Aber mit achtzig darf man sich ja von Zeit
zu Zeit ein bisschen ausruhen. Ehrlich gesagt, so nach vier, fünf
Stunden spüre ich eine gewisse Müdigkeit. Dann mag ich mich

auf ein Viertelstündchen in den Sessel zurücklehnen und danach bin ich wieder ganz top. Meine erste Schulklasse, die ich offiziell geführt habe, eine zweite Volksschulklasse in der Albertgasse, trifft sich noch heute. Von den fünfunddreißig Schülern, die ich dort unterrichtet habe, kommen zwanzig noch immer zusammen. Irgendwann haben sie mich eingeladen und nun gehe ich auch hin. Und das Interessante ist: Sie sind heute erst fünfundsechzig, und manche schauen aus wie meine Eltern, meine alten Tanten und Onkeln, jedenfalls viel älter als ich.

Später, als Professor an der Lehrerbildungsanstalt, hatte ich interessante Maturanten, zum Beispiel den einstigen Vizekanzler Norbert Steger, auch den Chef der Beamtengewerkschaft, Fritz Neugebauer sowie einige spätere Primarii und hohe Beamte.

Das schönste Geburtstagsgeschenk wird mir die Wiener Städtische Versicherung machen. Neben der *Kronen Zeitung* ist die Arbeit als Aufsichtsratsvorsitzender im Ringturm – mit meinen beiden treuen Mitarbeiterinnen Irmgard-Maria Jungmann und Gabriele Grünbeck sowie meinem früheren „General" Hermine Dobler – in jeder Hinsicht mein letzter beruflicher Lebensabschnitt. Ich habe die letzten zwanzig Jahre zugunsten des Theodor-Körner-Fonds zur Förderung von Wissenschaft und Kunst auf meine Bezüge verzichtet.

Zum 80. Geburtstag will die Wiener Städtische einen Helmut-Zilk-Fonds ins Leben rufen, in dem zwei Millionen Euro liegen für Menschen und Schicksale, für jene, die es nicht so gut im Leben getroffen haben, die durch alle sogenannten Netzwerke fallen und von Katastrophen bedroht sind.

Ein sinnvolleres Geschenk könnte es für mich gar nicht geben.

Wem ich böse bin

Da sagt die Lotte Ingrisch, die ja bekanntlich mit dem Jenseits verkehrt, eines Tages zu mir: „Du, ich habe dir was ganz Wichtiges mitzuteilen. Unser Freund Jörg Mauthe möchte sich mit dir versöhnen!"

Im Diesseits hatte er das nur halbherzig getan. Deshalb bin ich von Jörg Mauthe auch zutiefst enttäuscht, bis heute. Er hat mich in die Freimaurerei gebracht, ich war mit ihm befreundet, ich habe mich bis zum Schluss um ihn bemüht. Warum wir genau bös' waren, weiß ich bis heute nicht. Jedenfalls kam er eines Tages zu mir, um sich zu versöhnen. Er sprach davon, dass er bald sterben müsse. Ich habe gesagt: „Geh' bitte, du rennst bei mir offene Türen ein. Lass uns wieder Freunde sein." Dann ist er mit tränenerstickter Stimme fortgegangen.

Ich flog danach nach Hawaii auf Urlaub und Mauthe ist gestorben. In seinem Testament hat er Helmut Zilk als üblen Charakter beschimpft und anderes mehr. Verstanden habe ich das nie, denn im Gegenteil dazu hatte ich Jörg Mauthe sehr oft helfen können.

Ähnlich enttäuscht war ich von Fritz Muliar. Ich habe seine Lieblingsidee, eine Serie mit dem Soldaten Schwejk, und zahlreiche andere Programme mit ihm in der ARD untergebracht. Als ich dann Minister wurde, war er einer der Vorkämpfer gegen den von mir an die Burg berufenen Claus Peymann. Nach einer

Periode der Abstinenz ist Fritz Muliar ans Burgtheater zurück-
gekehrt, hat dort die schönsten Rollen gespielt und sicher am
meisten von allen verdient.

Bei der Eröffnung des Deutschen Theaters in Ostberlin hatte
das Burgtheater eine Gastvorstellung. Auf dem Weg dorthin
saßen Fritz Muliar und ich nebeneinander im Flugzeug und
blödelten. „Du Fritzl", habe ich gesagt, „ihr müsst mir da helfen. Ich möchte, dass das Burgtheater hinausgeht und auch einmal im Volkshaus in Favoriten spielt."

Auch die Volksoper ist in kleinen Gruppen in die Bundeslän-
der gegangen und hat dort zur Freude der Menschen Vorstellungen gegeben. Das war meine Idee, mit der Kultur zu den
Menschen zu gehen und nicht immer zu erwarten, dass die
Menschen zur Kultur kommen.

Darauf hat er mich angeschaut und gesagt: „Ja, aber volle
Läng', Bloody Mary!" Was so viel heißt wie: Die Schauspieler
wollten für Gastspiele innerhalb der Stadt so viel kassieren wie
für Gastspiele in den Bundesländern.

Darauf sagte ich: „Ihr seid's doch wirklich Schweine." Wir
haben uns im Spaß getrennt, und das wusste Muliar auch ganz
genau.

Als Peymann dann kam, bin ich von der Ensemblevertretung
des Burgtheaters, einer Einrichtung, die es sonst nirgends gibt,
fast hingerichtet worden. Fritz Muliar hatte einen Zettel, von
dem er las, was ich als sozialistischer Minister für ein mieser
Kerl sei. Und dass ich die Burgtheaterschauspieler wörtlich als
„Schweine" bezeichnet hätte.

Franz Morak stand auf und sagte: „Schande!" Das war eine
schwere Stunde für mich.

177

Ab 1984 waren wir deshalb bös'. Bis in die neunziger Jahre hinein.

Irgendwann hat meine Frau zu mir gesagt: „Das ist schrecklich, ihr zwei seid's alte Freunde gewesen. Ihr alten Deppen müsst endlich aufhören, euch zu bekriegen. So redet halt einmal miteinander!"

Nach einer Lesung habe ich ihm dann gratuliert und Fritz hat gemeint: „Was is? Na versöhn' ma uns halt." Darüber bin ich sehr froh.

Wem ich noch böse war? Vielleicht dem mittlerweile verstorbenen ÖVP-Abgeordneten Robert Graf, der mich beschuldigte, in meiner Rede anlässlich der Eröffnung der Wien-Ausstellung in New York Österreich diffamiert zu haben. Er wollte eine Vernaderungskampagne lostreten. Weil ich meinen Vortrag wörtlich vorlegen konnte und der bei der Eröffnung anwesende Botschafter Thomas Klestil als Kronzeuge für mich auftrat, war der Spuk bald vorbei. Ich habe das mutige Verhalten von Thomas Klestil auch gegenüber seinen eigenen Parteifreunden nie vergessen.

In dem Wissen, dass Unbill einfach zum Leben dazugehört, bin ich im Grunde meines Herzens ein sehr versöhnlicher Mensch. Wir leben nun einmal nicht im Paradies. Deswegen kann ich einen Menschen, der mir nicht sympathisch ist, nicht einfach ausschließen aus meinem Denken, aus meinem Handeln, aus meinem Horizont. Die Vernunft sagt, wir müssen zusammenleben, auch mit jenen, die wir nicht mögen.

Der Ursprung meiner Versöhnlichkeit ist aber etwas ganz anderes. Ich war immer an der Seite jener, die auf der Verlie-

rerstraße sind. Einfach als intellektuellem Gegensatz zum
Naturgesetz, dass der Stärkere siegt. An seiner Seite stehen
sie alle, da brauch' ich mich nicht auch noch hinzustellen.
Deshalb benötigt gerade der Schwächere meine Unterstützung.

Schale um Schale

„Was soll auf Ihrem Grabstein einmal stehen?" Das haben sie den längstdienenden Außenminister Deutschlands, Hans Friedrich Genscher, in einem Interview zu seinem 80. Geburtstag gefragt. Und er hat gesagt: „Nur der Name."

Das gilt für mich auch. Der Name reicht. Ohne jeden Titel. Denn es ist ja so: Professoren und Doktoren gibt's hunderttausende, Direktoren und Regierungsräte und Hofräte gibt's ein paar zehntausend, aber Zilk gibt's nur einen.

Wer dem Tod schon zwei Mal so nahe war wie ich, der hat natürlich keine Angst mehr vor dem Sterben. Aber ich wünsche es mir auch nicht herbei, denn ich habe noch eine Lebensaufgabe. Und diese Lebensaufgabe ist meine Frau. Ich habe keine andere Aufgabe. Alles, was ich mache, mache ich in Wahrheit für sie. Alles, was ich versuche, versuche ich für sie. Alles tue ich ihr zuliebe. Sie ist jetzt mein Kompass.

Als ich nach hundertvier Tagen aus dem Krankenhaus raus bin auf den Graben zum Bramo, meinem Friseur, war da dieses Gefühl von Flüggesein, von Freiheit, aber gleichzeitig habe ich gewusst: Es ist wichtig, ja lebenswichtig, dass Dagmar neben mir geht, dass ich mich anlehnen kann, damit ich nicht umkippe.

Das Bad in der Menge war berührend. Die Leute sind alle wie in einem Bogen auseinandergegangen und haben applaudiert. Viele hatten eine kleine Kamera dabei und haben fotografiert. Die Wiener können so innig sein. Das gibt es auf der ganzen

Welt kein zweites Mal. Aber ohne Dagmar hätte ich es nicht geschafft.

Und so sind wir noch näher zusammengewachsen. Es ist ja sehr vermessen, sich das zu wünschen, aber am liebsten wäre uns, wenn wir gemeinsam gehen könnten. Wenn ich noch so lange Zeit hätte, dass ich mit ihr diese Welt verlassen könnte. Jeder weiß, dass es so nicht kommt. Und das ist es, was mich wirklich traurig stimmt. Ich möchte Dagmar nicht allein lassen. Jetzt kommen mir zum dritten Mal, während wir dieses Buch aufzeichnen, die Tränen.

Max Frisch hat in seinem *Buch der Fragen* auch diese in den Raum gestellt: „Möchten Sie lieber mit Bewusstsein sterben oder überrascht werden von einem herabfallenden Ziegel, von einem Herzschlag, von einer Explosion etc.?"

Ich muss sagen, dass ich lieber überraschend sterben möchte. Für den anderen ist das vielleicht schwerer, wenn er keine Möglichkeit hat, Abschied zu nehmen. Aber für den, der geht, ist es wahrscheinlich leichter.

Ich habe mir eigentlich nie den Kopf darüber zerbrochen, ob es ein Leben nach dem Tod gibt. Wenn die Stunde gekommen ist, lege ich mein Leben getrost in die Hände des lieben Gottes. Natürlich wäre es schön, wenn wir unseren Liebsten nach dem Tod wieder begegnen könnten. Ich würde für mein Leben gern meine Eltern wiedersehen. Und ich habe noch eine Menge anderer Freunde unter den Toten. Aber wie heißt es so schön beim Begräbnis? Aus Staub sind wir gekommen und zu Staub werden wir.

Ich lebe ja nun schon mein drittes Leben. Man könnte meinen, der liebe Gott hätte noch etwas mit mir vor. Ich aber würde ihn bitten, nichts mehr vorzuhaben, es sei denn, dass er mir ein langes Leben schenkt. Vielleicht ist er gnädig zu uns, schenkt mir noch einige Jahre, und meiner Frau genauso.

Wo ich begraben sein möchte? Am liebsten im Familiengrab der Zilks. Aber es wird mir wohl ein Ehrengrab am Zentralfriedhof nicht erspart bleiben.

Die Künstlerin Maria Lassnig hat mich gemalt. Eine Kopie dieses Bildes steht bei Dagmar im Schreibzimmer. Es ist an die Wand gelehnt und zeigt mich mit zwei gesunden Händen. Dieses Bild von mir – so ist es in einem Brief an Bürgermeister Michael Häupl festgehalten – soll neben den anderen, „staatstragenden", traditionellen Bürgermeisterbildern im Rathaus hängen. Es passt vielleicht nicht dazu, aber es ist so, wie ich mich sehe. Mein Bürgermeister hat dafür sicher Verständnis.

Ich habe Maria Lassnig nach dem Bombenattentat gefragt, ob sie mir nicht meine linke Hand mit einem Handschuh übermalen könnte. Aber sie hat das abgelehnt. „Diese Hände", meinte sie, „sind auch Symbol für einen, der so viel geschaffen hat wie Sie."

Aber das ist es nicht, was bleibt. Wenn meine Schalen abfallen, Schale um Schale, und ich immer weniger und weniger werde, was bleibt dann wirklich?

Nicht sehr viel Zuversicht für die Welt und knapp genug Selbstvertrauen. Ein wenig Leben, ein wenig Angst und ein wenig Liebe.

Personenregister

Ziffern in Klammern siehe Bildteil